AF449681

André Gide

L'IMMORALISTA

Edizioni clandestine
GRUPPO SANTELLI

Collana Highlander
L'immoralista
di André Gide
terza edizione: dicembre 2022
© 2022, Edizioni Clandestine

Gruppo Editoriale Santelli

Edizioni Clandestine
Via P. Calamandrei, 1
Cinisello B. - Milano - 20092
391.4602257
www.edizioniclandestine.com
www.grupposantelli.it

Titolo originale: *L'immoraliste*
Lingua originale: francese
Editore originale: Gallimard (1972)
Traduzione di: Andrea Montemagni

PRIMA PARTE

I

Cari amici, ero certo che mi eravate fedeli. Al mio richiamo siete accorsi, come io avrei fatto altrettanto per voi. Eppure, non ci vediamo da oltre tre anni. Possa la vostra amicizia, che tiene tanto bene anche alla lontananza, resistere al racconto che sto per farvi. Perché, se vi ho chiamato all'improvviso, costringendovi ad affrontare un lungo viaggio fino alla mia lontana residenza, è stato per vedervi e affinché possiate ascoltarmi. Non desidero altro aiuto che questo: parlarvi.

Sono arrivato a un momento della vita che non riesco a superare. E non si tratta di stanchezza... ho bisogno di parlare. Riuscire a liberarsi è ben poca cosa, il difficile è sapersi liberi. Consentitemi di parlarvi di me: vi racconterò della mia vita, semplicemente, senza modestia e senza orgoglio, come se parlassi a me stesso. Ascoltatemi, dunque:

L'ultima volta che ci incontrammo fu nei pressi di Angers, nella chiesetta dove si stava celebrando il mio matrimonio. Non c'era molta gente e la presenza di amici veri faceva di questa banale cerimonia un rituale che toccava il cuore. La commozione ravvisabile in molti commosse anche me. All'uscita della chiesa vi uniste a noi per un rapido desinare presso l'abitazione di colei che era appena divenuta mia moglie; la carrozza che avevamo ordinato ci condusse via; l'ultima visione, che si accompagna sempre nella mente all'idea di matrimonio, fu quella di un treno in partenza.

Conoscevo ben poco mia moglie e pensavo senza soffrirne troppo che lei aveva maggiore conoscenza di me. L'avevo sposata senza amore per compiacere mio padre, preoccupato dall'idea che il giorno in cui lui sarebbe morto, sarei potuto rimanere solo. Provavo un tenero affetto per il mio genitore, lo accompagnai nei suoi ultimi giorni e, per alleviare la sua sofferenza, impegnai così la mia vita senza sapere cosa avrebbe potuto comportare.

Il nostro fidanzamento al capezzale del morente fu mesto, ma non privo di una gioia grave, tanto profonda fu la pace che ne trasse mio padre. Come ho detto, non provavo amore per la mia fidanzata; non avevo però amato alcuna altra donna e questo bastava ai miei occhi per rendere certa la nostra felicità; non conoscendomi ancora, io credetti di darmi tutto a lei. Orfana, come me, Marceline viveva con i suoi due fratelli, aveva vent'anni appena e io ne contavo quattro più di lei.

Ho detto che non l'amavo, se per amore si intende tenerezza, una certa compassione e stima. Lei era cattolica, io protestante... ma ritenevo di esserlo blandamente. Il prete mi accolse, io accettai il prete e tutto procedette senza difficoltà.

Mio padre era "ateo", così almeno io credo, non avendo mai discusso con lui delle sue convinzioni religiose per una sorta di pudore ch'egli provava verso di me. Il severo insegnamento di tendenza ugonotta che mia madre mi aveva dato si era lentamente dissolto nel mio cuore, così come la bella immagine di lei: come sapete, ero molto giovane, quando persi mia madre.

Non capivo ancora quanto la prima formazione morale di un bambino condizioni la sua via da adulto, né quali segni lasci nel suo animo. Quella certa austerità di cui avevo avvertito l'attrattiva tramite i fondamenti inculcatimi da mia madre, la riversai tutta nello studio. Avevo quindici anni quando perdetti mia madre e da allora fu mio padre a occuparsi di me, mettendo il massimo impegno nella mia istruzione. Conoscevo già bene il latino e il greco; con lui appresi anche l'ebraico, il sanscrito, il persiano e l'arabo. Verso i vent'anni ero così pieno d'entusiasmo che egli volle farmi partecipe alle sue ricerche. Gli piaceva giudicarmi come un suo pari e intese anche darmi prova della sua stima: *Saggio sui culti frigi*, che apparve con il suo nome, era opera mia e nessun'altra opera gli procurò tanti elogi. Ne fu felice. Quanto a me, rimasi confuso nel veder riuscire questo inganno. Ma ormai ero lanciato; gli studiosi più eruditi mi trattavano come un collega. Adesso, sorrido di tutti gli onori che mi vennero tributati... Così giunsi a venticinque anni non avendo guardato altro se non libri e antiche rovine, conoscendo niente della vita; mi impegnavo nel lavoro con singolare accanimento.

Ebbi alcuni amici (e tra questi anche voi), ma più che amare l'amico in sé, apprezzavo l'amicizia: la mia apparente devozione celava in realtà il bisogno di un nobile ideale: accoglievo in me qualunque grande sentimento. Insomma, non conoscevo i miei amici così come sapevo assai poco di me. Neppure sfiorò la mia mente, l'idea che io potessi vivere in maniera diversa o che esistesse un'esistenza alternativa praticabile.

A me e a mio padre bastavano cose semplici: spendevamo entrambi così poco che a venticinque anni non avevo ancora compreso che eravamo ricchi. Pur senza darmene pensiero ritenevo che avessimo quanto bastava per vivere e con mio padre avevo preso l'abitudine di fare economia, cosicché suscitò in me non poco imbarazzo quando seppi della nostra situazione patrimoniale. Mi curavo talmente poco di queste cose che ebbi precisa coscienza delle mie ricchezze, non già dopo la morte di mio padre, ma in occasione del contratto di nozze, nello stesso istante in cui mi accorsi che Marceline non portava in dote alcunché.

Una cosa importante più di molte altre, da me ignorata, era la mia delicata salute. Ma come potevo esserne consapevole se mai l'avevo messa alla prova? Pativo ogni tanto di qualche raffreddore, mali di stagione che curavo malamente. La vita tranquilla che conducevo mi indeboliva e al tempo stesso mi proteggeva. Marceline, al contrario sembrava giovane, di sana e robusta costituzione: che lo fosse sicuramente più di me lo vedremo a breve.

∾

La sera delle nostre nozze dormimmo nel mio appartamento di Parigi, dove avevo fatto preparare due camere. Il tempo necessario a svolgere alcuni acquisti indispensabili e raggiungemmo Marsiglia, dove ci imbarcammo per Tunisi.

L'urgenza di certi impegni, lo stordimento degli ultimi avvenimenti succedutisi con troppa fretta, l'emozione della cerimonia nuziale, che seguiva quella dolorosa del mio lutto, mi avevano prosciugato le energie. Solo quando mi trovai sulla nave, mi avvidi delle condizioni in cui versavo. L'ozio forzato della navigazione mi permise di riflettere e tirare il fiato. E questo era da un po' di tempo che non accadeva.

Per la prima volta, mi concedevo un lungo periodo lontano dal lavoro: fino a ora non mi ero concesso che vacanze brevi. Un viaggio in Spagna con mio padre, poco dopo la morte di mia madre, era in verità durato un mese; un altro in Germania, sei settimane e altri ancora ne contavo, ma erano tutte trasferte di studio; mio padre era restio ad abbandonare le sue ricerche e io, quando smettevo di dedicarmici, leggevo. Tuttavia, lasciata Marsiglia riaffioravano in me ricordi di Granada e Siviglia, di un cielo più lindo, di ombre più nette, di festeggiamenti, di risa e canti. Ecco quello che troveremo, pensai. Salii sul ponte a guardare la costa francese allontanarsi. Poi, d'un tratto, mi dissi che non era cosa buona lasciare troppo a lungo da sola Marceline.

❧

La trovai seduta più avanti: lentamente mi avvicinai e per la prima volta la osservai veramente. Era bella, ma questo voi già lo sapete, l'avete vista. Rimproverai me stesso di non essermene avvisto prima. D'altra parte, la conoscevo troppo bene per guardarla con occhi nuovi; le nostre famiglie si conoscevano da sempre, per cui avendola vista crescere ero abituato alla sua grazia. E tuttavia mi meravigliai di quando risplendente fosse quella sua grazia.

Portava un semplice cappellino di paglia nera, sul quale fluttuava un lungo velo. Era bionda, ma non di aspetto delicato. La sua gonna e il suo corpetto erano stati tratti entrambi da uno scialle scozzese che avevamo scelto insieme. Non avevo voluto che lei come me, portasse il lutto per mio padre. Accortasi che la stavo guardando si volse verso di me. Fino ad allora le avevo riservato attenzioni istituzionali; sostituito l'amore con una galanteria compassata che talvolta la infastidiva. Marceline avvertì allora che la guardavo in maniera diversa? Ricambiò lo sguardo e con grande tenerezza sorrise. Restando in silenzio mi accomodai di fianco a lei. Fino a quel momento avevo vissuto solo per me e seguendo il mio umore; mi ero sposato senza immaginare che una moglie potesse essere diversa da un amico e che la mia vita avrebbe subito un brusco cambiamento. Insomma, cominciavo ora a comprendere che il monologo giungeva al termine.

∂❦

Eravamo soli sul ponte. Marceline avvicinò il suo viso al mio, io la strinsi a me e la baciai sulle palpebre, ma nel farlo mi sentii pervadere da una sorta di pietà sconosciuta e scoppiai in lacrime.

"Che cos'hai?", chiese mia moglie.

Prendemmo a parlare. Le sue dolci parole mi ammaliarono. Credevo le donne creature poco intelligenti ma quella sera ebbi prova di tutta la mia stupidità.

Dunque, colei cui legavo la mia vita aveva una vita propria, reale! Quel pensiero e tutto quanto significava molto per me, mi tenne l'intera notte insonne; più volte mi alzai sulla mia cuccetta per vedere se, in quella sotto, Marceline dormiva.

Il giorno dopo il cielo era splendido, il mare, calmo. Intercorsero tra noi alcune conversazioni su svariati argomenti che ci misero sempre più a nostro agio. Il matrimonio stava prendendo corpo. La mattina del 31 ottobre sbarcammo a Tunisi.

∂❦

Nei miei propositi avremmo dovuto fermarci in città solo pochi giorni. Vi confesserò quanto era sciocco: in quel paese le uniche cose che destavano il mio interesse erano Cartagine e altre rovine romane; Timgad di cui Ottavio aveva parlato, i Mosaici di

Sousse e soprattutto l'anfiteatro di El Djem,[1] dove mi ero ripromesso di arrivare quanto prima. Bisogna innanzitutto raggiungere Sousse poi, da lì, prendere la corriera: lungo la strada non ritenevo ci fosse niente di degno della mia attenzione. Invece, Tunisi mi impressionò. Nel provare nuove sensazioni, si risvegliarono in me alcune facoltà sopite le quali, mai utilizzate, serbavano la loro misteriosa freschezza. Più meravigliato che stordito, ciò che mi piaceva soprattutto erano l'entusiasmo e la gioia di mia moglie.

Mi sentivo giorno dopo giorno sempre più stanco, ma ritenevo vergognoso cedere alla stanchezza. Tossivo ripetutamente e sentivo nel torace uno strano dolore, ma pensavo che, poiché stavamo andando verso sud, l'eccessiva calura mi avrebbe guarito.

La diligenza di Sfax parte da Sousse la sera alle venti e attraversa El Djem all'una del mattino. Avevamo fissato due posti davanti.

Mi aspettavo di trovare uno scomodo barroccio e invece fummo sistemati discretamente. Ma il freddo... Confidando in miti temperature ci eravamo vestiti leggeri e non avevamo con noi altro che uno scialle. Appena lasciata Sousse, non più protetti dalle colline, una brezza maligna ci investì. Sollevandosi nella pianura, entrava da ogni fessura nell'abitacolo; impossibile ripararsi. Arrivammo tutti intirizziti dal freddo; io, inoltre, ero spossato dagli scossoni della carrozza e da un'insistente tosse che pareva non placarsi più. Che nottata!

Giunti a El Djem, niente alberghi, ma un orribile fortino che fungeva da locanda. La diligenza ripartì. Il villaggio dormiva e vagamente si intravedeva l'enorme mole delle rovine. Un cane latrava. Entrammo in una stanza con il pavimento in terra battuta dove erano disposti due miseri letti. Marceline tremava per il freddo, ma lì almeno non eravamo esposti al vento.

Il giorno dopo fu una giornataccia. Uscendo trovammo un cielo sorprendentemente grigio. Il vento soffiava ancora, ma

---

1 Ndt. Timgad è una colonia romana fondata da Traiano nel 100 d.C., come bastione contro i Berberi del Massiccio dell'Aurés. Nel 1982, le rovine della città vennero dichiarate patrimonio dell'umanità. Sousse è una località della costa est della Tunisia, corrispondente all'antica Hadrumetum. L'anfiteatro di El Djem fu costruito intorno al 238 e rimase intatto fino al XVII secolo; nel 1979 le sue rovine vennero dichiarate patrimonio dell'umanità.

con minor veemenza. La diligenza sarebbe passata solo a sera. Fu veramente una giornata da dimenticare. L'anfiteatro, visitato in fretta, mi deluse al punto che mi parve persino brutto sotto quel cielo spento. Probabilmente la stanchezza acuiva il mio tedio. Nel pomeriggio, non sapendo cosa fare tornai all'anfiteatro a cercare qualche iscrizione sulle pietre. Mia moglie, al riparo dal vento, leggeva un libro in lingua inglese che aveva avuto premura di portare con sé. La raggiunsi e sedetti accanto a lei.

"Che giornata uggiosa! Non ti annoi?", le chiesi.

"No, come puoi ben vedere, leggo".

"Cosa siamo venuti a fare qui? Non hai freddo?"

"No e tu? Ti trovo un po' pallido".

"No..."

A sera il vento riprese a soffiare impetuoso e la diligenza non arrivò che a tarda notte. Fin dai primi scossoni mi sentii venir meno. Marceline, prostrata, si addormentò sulla mia spalla. Pensando che la mia tosse l'avrebbe svegliata, liberandomi pian piano riuscii ad adagiarla alla paratia della carrozza. Tuttavia, la tosse si era placata: adesso sputavo. Lo facevo senza sforzo a intervalli regolari e fu una sensazione strana che se all'inizio mi divertì, poi mi arrecò disgusto. Il fazzoletto divenne presto inservibile: e le mie mani erano sporche... Fortunatamente mi sovvenni di una grande sciarpa che mia moglie teneva intorno alla vita. Me ne impossessai. Gli sputi si fecero più numerosi. Ne ricavavo un gran sollievo: è la fine del raffreddore, mi dissi. Improvvisamente mi sentii privato di ogni energia tanto che pensai che sarei crollato. Dovevo svegliare mia moglie?... Ma va! (Della mia infanzia puritana mi portavo dietro il biasimo per qualsiasi forma di debolezza). Mi scrollai e riuscii a dominare la vertigine. Credevo di essere di nuovo in navigazione e il rumore delle ruote mi giungeva come il fragore delle onde...Ma avevo smesso di sputare.

Scivolai nel sonno.

Quando mi destai albeggiava e mia moglie ancora dormiva. Eravamo quasi giunti a destinazione. La sciarpa che tenevo in mano era scura e, a una prima occhiata, non si notava niente, ma quando trassi di tasca il fazzoletto mi avvidi che era sporco di sangue. Il mio primo pensiero fu quello di nascondere l'accaduto a mia moglie. Ma come fare? Ne ero tutto imbrattato; ora lo ravvisavo ovunque. Ho perso sangue dal naso... così mi sarei giustificato ai suoi occhi. Quando arrivammo, Marceline ancora dormiva. Ella scese per prima e non si avvide di niente. Avevamo prenotato due camere. Precipitandomi nella mia stanza, riuscii a far sparire ogni traccia di sangue.

Malgrado ciò mi sentivo debole e feci servire il tè per entrambi nella mia stanza; mentre lo bevevamo mi assalì una sordida rabbia perché lei non aveva notato in me alcun malessere. Ritenendo ingiusto il mio sentire, mi dicevo che, se non si era accorta di niente, era perché fingevo bene, ma non fu abbastanza e la rabbia in breve assunse una forma così violenta che, non trattenendola più, con finta indifferenza dissi: "Ho sputato sangue stanotte".

Non le sfuggì neppure un grido. Sbiancò e, barcollante, nel tentativo di mantenersi in equilibrio, cadde.

Con rabbia, mi gettai su di lei: "Marceline! Marceline! Cielo! Cosa ho fatto! Non bastava che fossi malato io!" Ma ero, come ho già detto, provato e poco mancò che franassi a terra a mia volta. Aprii la porta; chiamai: accorse gente.

Mi sovvenni di avere in valigia una lettera di presentazione per un funzionario del luogo; facendomi forte di questa missiva, mandai a chiamare il medico militare.

Marceline, nel frattempo, si era ripresa e ora si trovava al mio capezzale dove versavo febbricitante. Il medico al suo arrivo ci visitò entrambi. Disse che mia moglie non aveva niente e che la caduta non aveva lasciato conseguenze; io invece ero gravemente malato, ma al momento non volle pronunciarsi e promise di tornare prima di sera.

Mantenne la parola e, sorridendo, mi dette diversi farmaci. Compresi che mi riteneva un caso senza speranza. La cosa non mi turbò. Stanco, mi abbandonai.

"In fin dei conti cosa mi offriva la vita? Avevo lavorato bene fino alla fine e assolto ai miei obblighi con risolutezza. Il resto? ... Che importanza aveva?", pensai, compiacendomi del mio stoicismo. Ma di una cosa soffrivo, delle scarse attrattive del posto.

"Questa camera d'albergo è orrenda", dissi tra me, guardandola. Poi, pensai che di fianco, in una stanza del tutto simile a quella a me riservata, c'era mia moglie e sentii che stava parlando. Il dottore era con lei e si sforzava di parlare a bassa voce. Trascorse un po' di tempo. Forse mi addormentai.

Al risveglio, trovai Marceline nella mia stanza. Capii che aveva lungamente pianto. Non amavo abbastanza la vita per avere misericordia di me stesso, ma la bruttezza del posto mi indispettiva e gli occhi cercavano mia moglie con voluttà. Di fianco a me, lei stava scrivendo. Pensai che fosse bella. Vidi che stava sigillando parecchia corrispondenza.

Quando ebbe finito si alzò e, avvicinatasi a me, mi prese con tenerezza la mano: "Come stai?", mi chiese. Sorrisi e le domandai mesto: "Guarirò?"

E lei di rimando: "Certo che guarirai", con una passione tale che, quasi convintomene anch'io, ebbi la sensazione di tutto ciò che la vita avrebbe potuto essere, dell'amore di lei: gli occhi mi si riempirono di lacrime che non seppi, non volli trattenere. Resa forte dal suo amore per me, ella mi persuase a lasciare Sousse. Fui circondato da amorevoli cure, soccorso, vegliato... da Sousse a Tunisi. Poi, da Tunisi a Costantina, Marceline si superò. A Biskra sarei guarito: la sua fiducia non ammetteva dubbi e il suo zelo non venne meno mai. Disponeva di ogni cosa, delle partenze, degli arrivi, dei soggiorni in albergo. Ma purtroppo non poteva far sì che il viaggio fosse per me meno atroce. Più volte credetti di trovarmi in punto di morte. Sudavo come un moribondo, soffocavo. Alla fine del terzo giorno giunsi a Biskra come morto.

II

Perché soffermarsi sui primi giorni? Cosa resta di loro? Un terribile ricordo inesprimibile. Non sapevo più chi fossi, né dove mi trovassi. Rivedo soltanto mia moglie, la mia vita, chinarsi sul mio letto e che furono le sue cure e il suo amore a salvarmi.

Un giorno, infine, come un naufrago scorge terra avvertii un barlume di vita risvegliarsi in me e potei sorridere a mia moglie. Quale ragione c'è di raccontare tutto questo? La morte mi aveva sfiorato, e questo fatto mi presentò la vita come qualcosa di sorprendente. Prima pensavo, ma non capivo che stavo vivendo. Ora ero chiamato, in prima persona, a fare l'emozionante scoperta della vita.

Così, venne il giorno che mi fu possibile alzarmi e venni subito conquistato dalla casa in cui ci trovavamo. Si può dire che era solo una terrazza, ma che terrazza! La mia camera e quella di Marceline vi si affacciavano. Si sviluppava su alcuni tetti e dalla parte più in alto di questa si poteva scorgere, al di sopra delle case e di alcuni palmizi, il deserto. L'altro versante della terrazza si affacciava sul verde pubblico cittadino; su di esso gettavano l'ombra i rami delle ultime mimose. La terrazza, poi, costeggiava un cortile di forma regolare, dotato di sei palmizi e finiva con una scala che ricollegava con il cortile. La mia stanza era spaziosa e areata; i muri imbiancati a calce, spogli. Una porticina dava nella camera di mia moglie dove una grande porta a vetri si apriva sulla terrazza.

Trascorsero giorni che parvero infiniti. Quante volte nella solitudine ho rivisto quelle giornate senza tempo! Marceline stava sempre con me. Leggeva, scriveva, cuciva ed io lì fermo a guardarla! Vedevo il sole, l'ombra, la sagoma dell'ombra spostarsi. Avendo poche cose a cui pensare mi dedicavo all'osservazione... ancora debole respiravo a fatica; tutto mi stancava, anche leggere: e d'altra parte leggere cosa? Esistere mi occupava già abbastanza.

Una mattina mia moglie entrò in camera ridacchiando: "Ti porto un amico" e vidi entrare da presso a lei un piccolo arabo dalla pelle arsa dal sole. Il suo nome era Bachir e mi osservava in silenzio. Impacciato e sfinito da quell'imbarazzo palesai il mio disappunto. Il bambino, sconcertato dalla mia accoglienza gelida, si volse verso Marceline e, con un movimento agile e aggraziato di giovane animale africano, si strinse a lei e prese a colmare la sua mano di baci con un gesticolare che gli scoprì le braccia, lasciandogliele nude.

"Su! Siediti là!", disse mia moglie, notando il mio imbarazzo.

"Divertiti e stai tranquillo".

Il bambino sedette sull'impiantito e, tirato fuori un coltellino dal cappuccio del suo barracano e un tronchetto di legno di *djerid*,[2] prese a intagliarlo, immaginai per farne un fischietto. Trascorso un po' di tempo, mi abituai alla sua presenza e lui dimenticò di trovarsi da me. I suoi piedi erano nudi: le caviglie e le giunture dei polsi le valutai armoniose.

Maneggiava il suo coltellaccio con notevole abilità. Stavo veramente interessandomi a tutto questo? Portava i capelli rasati secondo gli usi del posto e un logoro fez[3] con un buco al posto della nappa. La gandura scivolata giù scopriva una graziosa spalla. Sentivo prepotente in me il desiderio di toccarla. Mi chinai e il ragazzino sorrise. Gli feci cenno di passarmi il fischietto e finsi di

---

2 Ndt. El-Djerid è una regione naturale semi-desertica situata a sud-ovest della Tunisia.

3 Ndt. Il fez è un copricapo in feltro a forma di cilindro, solitamente rosso e con una nappa attaccata alla sommità. Nonostante prenda il nome dalla città marocchina di Fez, ha avuto maggiore diffusione in Oriente.

ammirazione per l'opera da lui svolta. Quando volle andarsene, Marceline gli diede un dolce; io due soldi.

Il giorno seguente annoiato attendevo, cosa? Inquieto non sapevo cosa fare e alla fine non riuscendo più a trattenermi, sbottai: "Bachir non viene stamani, Marceline?"

"Se vuoi, vado a cercarlo".

Uscì, ma dopo alcuni minuti fece ritorno sola.

Cosa ha fatto di me la malattia? Vedendola tornare senza Bachir, fui pervaso da uno sgomento che quasi mi portò alle lacrime.

"Troppo tardi", mi disse mia moglie, "i bambini sono usciti dalla scuola sparpagliandosi qua e là. Ce ne sono alcuni incantevoli, sai. Credo che ormai tutti mi conoscano".

"Almeno, vedi di fare in modo che venga da me domani".

Il giorno dopo, Bachir venne. Si sedette come la volta precedente e tirato fuori il coltello prese a lavorare un pezzo di legno particolarmente nodoso e tanto armeggiò che si ferì con la lama un polso. Fui percorso da un brivido di terrore. Bachir rise e mi mostrò la ferita dalla quale colava il sangue. Quando rideva, scopriva i denti bianchi; leccò allegramente il taglio con la sua lingua rosa, fresca come quella di un gatto. Ah, come stava bene! Ecco cos'era che in lui mi ispirava amore: la salute. La salute di quel piccolo corpicino era splendida.

Il giorno a venire aveva con sé delle biglie con le quali mi invitò a giocare. Marceline non era in casa altrimenti me lo avrebbe impedito. Esitai, ma Bachir mi tirò per un braccio costringendomi al gioco. Nonostante, chinandomi, mi mancasse il fiato, acconsentii. Il piacere che ne trovava il fanciullo mi incantava. Ma quando fui in un bagno di sudore mi arresi, respinsi le biglie e mi lasciai cadere sulla poltrona. Bachir mi guadava turbato.

"Malato?", chiese con grazia con un tono di voce delizioso.

In quel momento mia moglie fece ritorno.

"Portalo con te", le dissi. "Sono stanco stamani".

Qualche ora più tardi, ebbi uno sbocco di sangue; questo avvenne mentre camminavo a fatica sulla terrazza. Marceline era occupata nella sua stanza e fortunatamente non se ne avvide.

Sentendomi mancare il fiato, avevo inspirato con forza e improvvisamente il sangue era fuoriuscito. Mi aveva riempito la bocca... non era sangue chiaro come le precedenti volte, ma un grosso, scuro grumo che sputai all'istante. Compii alcuni passi barcollando. Tremavo, avevo paura, ero furioso perché fino a quel momento, avevo pensato che la guarigione sarebbe stata solo questione di tempo. Questo brutale incidente mi riportava indietro. Cosa strana: i primi sbocchi di sangue non mi avevano turbato, anzi, mi avevano lasciato quasi calmo. Da cosa derivava, adesso, la mia paura, il mio orrore? Ahimè, cominciavo ad amare la vita.

Ritornai indietro e rintracciato il mio sputo con una pagliuzza, sollevai il grumo che raccolsi in un fazzoletto. Lo guardai: era sangue brutto, nero, vischioso, inguardabile. Pensai al bel sangue di Bachir e improvvisamente fui colto del desiderio, furibondo, imperioso, di tutto quanto avevo fino allora provato: vivere. E io volevo vivere! Disperatamente, con tutto me stesso. Serrai i denti, strinsi i pugni, mi concentrai con grande desolazione in questo sforzo desolato verso la vita.

Il giorno precedente, avevo ricevuta una lettera da T****, in risposta ad alcune ansiose domande di mia moglie; essa conteneva molti consigli medici. T**** aveva unito alla missiva alcuni opuscoli riportanti dozzinali informazioni mediche e un libro che mi parve degno di attenzione. Avevo letto svogliatamente la lettera e gli stampati, innanzitutto per la somiglianza degli stessi con quelli che mi avevano propinato durante la mia infanzia e poi perché tutti i moniti e consigli che vi trovai mi infastidivano; e soprattutto non pensavo che quei "Consigli ai tubercolotici", potessero essere attinenti al mio caso. Non credevo certo di avere la tubercolosi. Attribuivo la mia prima emottisi[4] a una causa diversa o meglio, in verità, non la attribuivo a niente, evitavo di pensarci considerandomi se non quasi guarito, sul punto di esserlo...

Lessi la lettera, divorai il libro. Bruscamente, compresi che non mi ero curato come richiedeva il mio caso. Fino ad allora

---

4 Ndt. L'emottisi è l'emissione di sangue dalle vie respiratorie, solitamente attraverso un colpo di tosse.

mi ero lasciato vivere, confidando in una vaga speranza: improvvisamente la mia esistenza mi parve minacciata, aggredita. Un nemico implacabile albergava dentro di me. Lo ascoltai, lo spiai, lo sentii. Mi dissi: "Non lo vincerò senza lottare..." e aggiunsi a mezza voce, quasi per convincerne, "in fondo, è solo questione di volontà".

Mi preparavo alla guerra.

Calava la sera: stabilii una strategia. Per un certo tempo la guarigione doveva essere l'obiettivo primario, il mio unico fine; avrei fatto della tutela della mia salute il mio dovere, era necessario definire come 'Bene' tutto quanto mi fosse salutare e dimenticare, respingere tutto quello che non serviva alla mia guarigione. Prima di cena avevo assunto delle decisioni per quanto riguardava la respirazione, l'attività fisica, l'alimentazione.

Pranzavamo in terrazza sotto una specie di piccola veranda. Soli, lontani da tutto e tutti, in una intimità incantevole. Da un albergo vicino, un vecchio nero ci forniva dei cibi discreti. Marceline sorvegliava la lista delle vivande, ordinava un piatto, ne respingeva un altro... Dato che generalmente non avevo molto appetito, soffrivo i piatti non riusciti e la poca scelta. Mia moglie, avvezza anche lei a non mangiare molto, non si avvedeva che non mi nutrivo a sufficienza. Mangiare molto divenne il primo dei miei precetti e pretendevo di metterlo in essere già da quella prima sera. Non fu possibile. Ci proposero una minestra immangiabile e un arrosto troppo cotto. Il mio disappunto, che riversai su Marceline, si manifestò in maniera rabbiosa. L'accusai, rivolgendomi a lei con parole di fuoco. Da ciò che dicevo, pareva lei responsabile di quei cibi. Il piccolo ritardo nella dieta che mi ero prefisso da adottare assumeva in negativo una grande importanza; dimenticavo i giorni precedenti; tutto era rovinato perché non avevamo potuto cenare. Mi incaponii e mia moglie dovette recarsi in città a cercare alimenti confezionati. Tornò con della carne cotta contenuta in un piccolo recipiente che divorai per dimostrare a me stesso e a lei quanto necessitassi di mangiare di più. Quella stessa sera prendemmo alcune decisioni. I pasti avrebbero subìto un miglioramento e sarebbero stati più numerosi. Uno ogni tre ore, cominciando alle sei del mattino. Un'abbondante provvista di libagioni confezionate avrebbe supplito alle portate scadenti dell'albergo.

&

Quella notte non chiusi occhio, tanto ero inebriato dal presentimento delle mie nuove virtù. Avevo, penso, la febbre; presi una bottiglia di acqua minerale che avevo accanto e ne bevvi due bicchieri; poi mi scolai l'intera bottiglia buttandola giù tutta d'un fiato. Ripetevo a me stesso i miei propositi come si ripete una lezione da mandare a memoria, imparavo a mostrarmi ostile e riversavo astio su tutto, dovevo lottare contro ogni cosa: la mia salvezza dipendeva da me. Mi schiarii le idee che già era l'alba. Era stata quella la mia vigilia di ricorsi alle armi.

&

Il giorno dopo era domenica. Fino ad allora, lo confesso, non mi ero preoccupato delle convinzioni religiose di Marceline, per negligenza o per pudore, mi sembra che la cosa non mi riguardasse; inoltre non riconoscevo a esse alcuna rilevanza. Quel giorno, Marceline si recò a messa. Seppi al suo ritorno che aveva pregato per me. La fissai, poi, con il maggior garbo possibile, le dissi: "Non devi pregare per me".

"Perché?", chiese turbata.

"Non mi piace avere alcuna protezione".

"Respingi l'aiuto di Dio?"

"Dopo, avrebbe diritto alla mia riconoscenza. Si creerebbero degli obblighi che sono contrari ai miei principi". Sembravamo scherzare, ma non ci ingannavamo sull'importanza delle nostre parole.

"Non guarirai da solo, mio caro", sospirò mia moglie.

"Allora meglio così..."

Poi, avvistomi della sua tristezza, soggiunsi: "Mi è più che sufficiente il tuo aiuto".

III

A questo punto, mi dilungherò a lungo sul mio corpo. Ne argomenterò tanto, che sulle prime vi parrà che io mi dimentichi dello spirito. Ma, in questo racconto, lo ignorerò di proposito, e quando mi trovavo laggiù accadeva realmente così. Non avevo abbastanza energie per una duplice esistenza. Mi occuperò in seguito dello spirito e del resto, pensavo che ci sarebbe stato tempo quando sarei stato meglio. In verità era distante per me lo stare bene. Sudavo come niente e come niente prendevo freddo; avevo, come dice Rousseau, *"la courte haleine"*;[5] spesso fin dal mattino avevo qualche linea di febbre e, pervaso da una fastidiosa sensazione, restavo in poltrona, svilito e indifferente a tutto, pieno di egoismi, impegnandomi solo a cercare di respirare correttamente. Respiravo faticosamente, con metodo e accuratezza le mie espirazioni avvenivano in due fasi, che teso nello sforzo, non riuscivo a completare; anche molto tempo dopo, non riuscivo in questo naturale esercizio compiutamente. Ma quello di cui soffrii maggiormente fu della mia sensibilità di malato, la quale risentiva di ogni mutamento della temperatura. A ripensarci oggi, capisco che alla malattia si accompagnavano a disturbi nervosi; non so spiegare altrimenti una serie di fenomeni che non

---

5 Ndt. Jean-Jacques Rousseau (1712 - 1778) è stato un filosofo, scrittore, pedagogista e musicista svizzero-francese. Nel libro VI delle sue *Confessioni* (*Les confessions*), opera autobiografica sui primi 53 anni di vita, racconta di aver riscontrato problemi di salute negli anni in cui risiedeva presso Chambéry, tra cui *"la courte haleine"*, ovvero il respiro corto, l'affanno.

mi pare possano essere riconducibili alla tubercolosi. Avevo sempre troppo freddo o troppo caldo; mi coprivo subito con ridicola esagerazione, mi alleggerivo un poco e rabbrividivo appena smettevo di sudare. Alcune parti del mio corpo divenivano gelide come una pietra tombale e non c'era modo di riscaldarle. Ero così sensibile al freddo che bastava mi cadesse su un piede dell'acqua mentre al mattino mi lavavo per farmi venire il raffreddore, ed ero altrettanto sensibile al caldo. Questa sensibilità mi è rimasta, continuo ad averla, ma adesso è per goderne con voluttà. Ogni sensibilità molto viva, può divenire causa di delizia o di pena, a seconda che l'organismo sia robusto o fiacco. Tutto ciò che un tempo mi faceva stare male, infatti, è assurto per me a straordinaria fonte di piacere.

Non so per quale ragione fino ad allora avevo dormito con le finestre aperte; seguendo i consigli di T**** provai ad aprirle la sera, solo un poco inizialmente, ma in seguito le spalancai; divenne così un'abitudine, una necessità, tanto che se le chiudevo mi sentivo soffocare. Con quale piacere più avanti avrei sentito arrivare a me la brezza notturna... Ma vorrei smetterla di argomentare i miei primi passi verso la guarigione. Grazie alle costanti cure, all'aria pulita, al cibo migliore, non tardai a stare meglio. Fino ad allora, temendo di ritrovarmi senza fiato, non mi ero avventurato a scendere e salire le scale, lasciando la terrazza; negli ultimi giorni di gennaio finalmente feci l'azzardo di scendere e recarmi in giardino.

Marceline mi accompagnava, sostenendomi e portando uno scialle. Erano le tre di pomeriggio. Il vento, spesso impetuoso in quel paese e che mi aveva tormentato negli ultimi tre giorni, era assente. L'aria si presentava temperata, gradevole. Pubblico spazio verde. Un ampio viale lo divideva, ombreggiato da due file di mimose straordinariamente alte chiamate gaggie. All'ombra degli alberi, erano disposte alcune panchine. Un canale fluviale si sviluppava seguendo il corso del viale; poi, altri canali minori spartivano l'acqua del condotto principale, destinandola alle piante del giardino ed era acqua terrigna grigia o rosa, un colore simile all'argilla. In strada, pochi forestieri e qualche arabo. Il loro mantello al riparo degli alberi assumeva le tinte dell'ombra.

Un brivido nuovo mi sorprese quando m'intrufolai in quell'ombra singolare e mi strinsi nello scialle, ma non accusavo alcun malessere, al contrario... Ci sedemmo su una panchina, mia moglie taceva. Passarono alcuni arabi: poi fu la volta di uno sciame di bambini. Marceline ne conosceva molti e, fatto loro cenno, si avvicinarono. Di alcuni mi riferì il nome: ci furono reciproche domande, risposte, sorrisi, smorfie, giochi. Tutto ciò mi infastidiva e di nuovo riprese il mio malessere e mi sentii stanco e sudaticcio. Ma ciò che più mi infastidiva, in verità, non erano i bambini, ma mia moglie. La sua presenza mi era di disturbo. Se mi fossi alzato, mi avrebbe seguito; se avessi dismesso lo scialle, si sarebbe offerta di portarlo e, se lo avessi rimesso, mi avrebbe domandato: "Hai forse freddo, caro?"

Inoltre, non osavo parlare con i bambini in sua presenza: vedevo che aveva i suoi preferiti e così, per puntiglio, mi interessai agli altri. "Andiamo a casa", le dissi deciso a ritornare da solo in giardino.

Il giorno seguente, Marceline doveva uscire verso le dieci, così ne approfittai. Il piccolo Bachir, che raramente tralasciava di farmi visita al mattino, prese il mio scialle; mi sentivo pieno di vita e con il cuore sgravato da ogni impedimento. Eravamo quasi soli nel viale; camminavo lentamente, ogni tanto mi sedevo e riprendevo la strada. Bachir mi seguiva chiacchierando, fedele e docile come un cucciolo di cane. Giunsi in quel punto del canale dove le lavandaie andavano a fare il bucato; in mezzo al flusso della corrente c'era un grosso masso piano, su cui era sdraiata una bambina; il viso chino sull'acqua, gettava dei ramoscelli nel fiume che poi si prodigava a raccogliere. I piedi che teneva fuori dall'acqua erano umidi e la pelle in quel punto le si presentava scura. Bachir gli si avvicinò e le parlò, la bambina mi sorrise, rivolgendosi in arabo al mio piccolo amico.

"È mia sorella", mi disse, spiegandomi che sua madre sarebbe venuta lì a breve per lavare la biancheria e che la bambina la attendeva. Si chiamava Rhadra, che in arabo significa verde. Diceva tutto ciò con voce melodiosa, infantile e tale era l'emozione che io stesso provavo.

"Vorrebbe che tu le donassi due soldi", disse.

Gliene detti dieci e stavo per andarmene quando giunse la madre. Si trattava di una donna splendida, imponente con la fronte spaziosa tatuata di blu; portava sul capo una cesta di panni; sembrava un'antica canefora,[6] con il corpo coperto da un'ampia stoffa azzurra che, sostenuta in vita, le ricadeva dritta fino ai piedi. Appena vide Bachir, gli inveì contro. Lui le rispose con rabbia; la bambina si intromise e tutti e tre presero a discutere animatamente.

Infine, Bachir si arrese e, fattomi intendere che la madre aveva bisogno di lui, afflitto mi porse lo scialle e dovetti far ritorno a casa da solo. Non avevo fatto venti metri che il mio scialle mi parve un peso insopportabile da portare e, grondante di sudore, mi sedetti sulla prima panchina che trovai. Speravo che un bambino venisse a liberarmi dal mio carico. Da lì a poco passò un ragazzo sui quattordici anni nero che mi offrì il suo aiuto. Si chiamava Ashour; sarebbe stato un gran bel giovane se non fosse stato cieco da un occhio. Gli piaceva chiacchierare, mi disse dove nasceva il fiume e mi spiegò che, appena fuori dal verde pubblico, fuggiva nell'oasi che attraversava in tutta la sua lunghezza. Ascoltarlo mi faceva dimenticare la stanchezza. Benché trovassi Bachir delizioso, lo conoscevo ormai troppo bene ed ero contento di cambiare. Anzi, mi ripromisi di scendere in avvenire da solo in giardino e attendere seduto su una panchina qualche incontro felice.

Dopo essermi fermato a riprendere fiato, Ashour e io giungemmo davanti alla mia porta. Volevo invitarlo a salire, ma non sapendo quale sarebbe stata la reazione di mia moglie, rinunciai.

La trovai in sala da pranzo occupata con un bambino molto piccolo, talmente magro che sulle prime mi suscitò più disgusto che pietà.

Timidamente mia moglie mi disse: "Poverello, è molto malato".

"Non sarà contagioso spero? Cos'ha?"

---

6 Ndt. La canefora è il nome che indicava le fanciulle che, nelle processioni e nei riti sacri dell'antica Grecia, recavano sul capo in un canestro gli oggetti del culto e le offerte.

"In verità non lo so, sente dolore ovunque. Parla male in francese: domani quando verrà Bachir gli chiederò di fare da interprete. Adesso gli faccio bere un po' di tè".

Poi, come per scusarsi, soggiunse: "È tanto che lo conosco, ma non l'ho mai invitato da noi per timore che ti stancasse o che recasse disturbo".

"Perché dovrebbe?", gridai. "Porta pure i bambini che vuoi, li trovo di compagnia", e pensai, irritandomi per non averlo fatto, che avrei potuto far salire Ashour.

Intanto osservavo mia moglie: era materna e carezzevole. Trovavo la sua tenerezza così commovente, che il bambino se ne andò rinfrancato. Parlai della mia passeggiata a Marceline, facendole intendere con delicatezza che preferivo uscire solo.

Le mie notti erano ancora turbate da improvvisi bagni di sudore e improvvisi brividi di freddo. Quella notte, tuttavia, dormii ininterrottamente e la mattina seguente alle nove ero già pronto per uscire. Mi sentivo riposato, in forze, ma presi ugualmente lo scialle che avrei utilizzato come scusa per approfondire la conoscenza con chi lo avesse portato. Il giardino, come ho già detto, confinava con la nostra terrazza; mi ci recai immediatamente. Mi immersi nella sua ombra affascinato. L'aria era luminosa. Le gaggie, i cui fiori compaiono in anticipo sulle foglie, profumavano; a meno che non si sprigionasse da ogni luogo, quell'odore singolare, leggero, sconosciuto, che sembrava penetrarmi, mi rendeva euforico. Respiravo meglio, il mio passo era più agile; mi sedetti su una panca, più ebbro, più stordito che stanco. Stetti a guardare: l'ombra non si adagiava sul suolo, pareva appena posarvisi. Indugiai nell'ascolto. Non sentii niente e, tuttavia, ogni rumore catturava la mia attenzione. Ricordo di un arbusto la cui scorza in lontananza mi era parsa così strana che dovetti alzarmi per recarmi a toccarla. Ne ricavai un immenso piacere.

Avevo dimenticato di essere solo, non mi aspettavo niente, non sapevo che ora fosse. Avevo l'impressione fino a quel giorno, di aver così poco sentito e troppo pensato, che ebbi meraviglia del fatto che una sensazione si presentasse forte come un pensiero. Era un'impressione quanto mai presente che riportava a me i bagliori dell'infanzia e le tante emozioni andate perse. La coscienza dei miei sensi che ritrovavo nuovamente, mi consentiva di riconoscerli con animo mutato. Sì, i miei sensi ricostruivano il passato: vivevano di vita propria. Non avevano mai smesso di vivere e rivelavano, anche dopo i miei anni di studio, una loro esistenza latente e sagace.

Quel giorno non incontrai nessuno e ne fui contento: trassi dalla tasca un volume di Omero, che dalla partenza da Marsiglia non avevo più aperto, e rilessi tre versetti dell'Odissea[7] che ripetei a memoria. Poi mi alzai e, chiuso il libro, rimasi a lungo così, tremante, vivo di inattesa felicità.

---

7   Ndt. L'Odissea è un poema epico greco attribuito al poeta Omero, che narra le vicende dell'eroe Odisseo (o Ulisse, con il nome latino), dopo la fine della Guerra di Troia. Rappresenta uno dei testi fondamentali della cultura classica occidentale.

IV

Marceline, la quale con gioia mi vedeva riacquistare la salute, da alcuni giorni aveva preso a parlarmi dei mera-
vigliosi frutteti dell'oasi. Le piaceva stare all'aria aperta e camminare. La libertà ricevuta dalla mia malattia le consentiva lunghe
passeggiate dalle quali faceva ritorno estasiata; fino ad allora non
me ne aveva parlato quasi mai, non osando incitarmi a seguirla e
temendo che mi rattristassi al racconto dei piaceri di cui ancora
non avrei potuto godere. Ma ora che stavo meglio, contava su
queste attrattive per condurmi a completa guarigione. Il gusto
ritrovato a camminare e osservare, mi invogliava in tal senso, così
il giorno successivo riprendemmo a uscire insieme.

Ella mi condusse lungo un sentiero strano, come non ho mai
visto in nessun altro paese. Questo si dipanava con indolenza tra
due alti muri e fin dall'inizio ci perdemmo. L'acqua del fiume
seguiva passo passo uno dei muri, i quali erano fatti con la stessa terra della strada, un'argilla rosa pallida che l'acqua rendeva
più scura e il sole ardente screpolava; col calore s'indurisce, con
il primo acquazzone si ammolla andando a formare un terreno
cedevole i cui i piedi affondano. Oltre i muri, le palme, verso di
esse si diressero alcune tortore disturbate dal nostro passaggio.

Mia moglie mi osservava.

Dimenticavo la mia spossatezza e la mia pena. Camminavo
in una specie di estasi, di allegrezza muta, di esaltazione dei sensi

e della carne. In quel momento si sollevò una leggera brezza; i rami delle palme oscillarono e scorgemmo le cime degli alberi più alti piegarsi; poi improvvisamente il vento si placò e udii chiaramente, dietro la parete argillosa, il suono di un flauto. C'era una breccia nel muro: la imboccammo. Questa ci condusse in luogo pieno d'ombra e di luce, tranquillo, che sembrava al riparo dal tempo: pieno di silenzio e fremiti; un mormorare dell'acqua che scorre, disseta le piante e fugge di albero in albero, richiamo discreto delle tortore, note di un flauto suonato da un infante. Il musico bambino stava badando a un gregge di capre; seduto seminudo sul tronco di una palma abbattuta, non fu per niente turbato dal nostro arrivo e non cessò un istante di dedicarsi alle sue occupazioni.

Mi avvidi, in un attimo di silenzio, che un altro piffero da lontano faceva da controcanto al primo. Proseguimmo ancora un poco. Poi, Marceline disse: "Inutile andare oltre. Questi frutteti si somigliano tutti". Quindi, messo lo scialle a terra, si distese accanto a me e io mi accovacciai con la testa sulle sue ginocchia. Quanto restammo così non lo ricordo. Che rilevanza aveva l'ora? Ogni tanto un belare di capra, il frusciare d'acque. Chiusi gli occhi e avvertii la mano di mia moglie posarsi sulla fronte; non pensavo a niente: ascoltavo i rumori che mi giungevano; e improvvisamente, un rumore nuovo e allora socchiudevo le palpebre; un vento leggero che battezzava le palme scendeva fino a noi dai rami più alti...

Il giorno dopo, tornai con Marceline nel medesimo luogo e verso sera ci tornai da solo. C'era il pastorello che suonava il flauto. Mi avvicinai e gli parlai. Il suo nome era Lossif, aveva dodici anni ed era bello. Mi disse uno a uno il nome dei suoi animali, che i canali d'acqua si chiamavano séghias; che non tutto il giorno vi scorre l'acqua, ma essa è distribuita con parsimonia per soddisfare il bisogno di animali e piante. Ai piedi di ogni palma vi era scavata una stretta fossetta che raccoglie l'acqua per dissetare l'albero: un ingegnoso sistema di chiuse, che il bambino mi mostrò, regolava l'acqua e la indirizzava laddove ve n'era più bisogno.

Il giorno dopo, conobbi il fratello di Lossif; meno bello, era di qualche anno più grande di lui e si chiamava Lachmi.

Si arrampicò su un palmizio poggiando i piedi su quella sorta di scalini che i rami tagliati formavano lungo il tronco e si calò dabbasso con agilità, lasciando vedere sotto la veste una nudità dorata.

Riportò dall'alto un piccolo recipiente di terra in cui aveva raccolto la linfa della palma, dalla quale si ottiene un vino dolce tanto caro agli arabi. Me lo offrì e lo assaggiai, ma il suo sapore sciropposo non mi piacque per nulla.

Nei giorni a seguire mi spinsi più lontano e trovai altri giardini, altri pastori, altre capre. Come mi aveva detto mia moglie quelle aree verdi si somigliavano tutte e tuttavia differivano l'una dall'altra.

Di quando in quando, Marceline mi accompagnava ancora, ma il più delle volte, all'entrata dei frutteti la lasciavo, dicendole che mi sentivo stanco, che dovevo sedermi e che lei non doveva aspettarmi: così finiva la sua passeggiata senza di me.

Restavo in compagnia dei bambini e ben presto ne conobbi parecchi, apprendevo i loro giochi, gliene insegnavo dei nuovi e perdevo denaro al *bouchon*.[8] Alcuni mi accompagnavano per un lungo tratto, mi indicavano nuovi percorsi per tornare a casa ed io distribuivo loro monetine; a volte, sempre giocando, mi seguivano fino alla mia porta, altre entravano.

Ne portò anche Marceline; per lo più i suoi erano bambini in età scolare che incoraggiava a studiare; i più tranquilli li invitava a salire, i miei erano diversi, ma tutti, quando si incontravano, cominciavano a giocare insieme. Ci preoccupammo di avere sempre una scorta di sciroppi e dolciumi. Presto se ne aggiunsero altri, anche se non invitati. Me li rammento tutti uno a uno...

---

8 Ndt. *Bouchon* è un termine francese che letteralmente significa tappo. Qui si riferisce al sussi, gioco infantile che consiste nel tirare una piastrella contro una pietra appoggiata a terra per diritto e portante su di sé alcune monete: chi fa cadere la pietra, vince il denaro.

Verso la fine di gennaio, il tempo divenne improvvisamente brutto; si alzò un vento freddo e la mia salute ne risentì subito. Non potei più avventurarmi in quel tratto senza alberi che separava l'oasi dalla città e dovetti contentarmi del verde pubblico. Poi piovve e in lontananze i rilievi montuosi si coprirono di neve.

Trascorsi quei tristi giorni accanto al fuoco, lottando furiosamente contro la malattia che trionfava. Furono giorni cupi, non potevo leggere, né lavorare; il più piccolo sforzo mi procurava una sudorazione sgradevole; il concentrare l'attenzione mi estenuava; quando non mi applicavo con cura alla respirazione, soffocavo.

In quei momenti i bambini furono per me la sola distrazione. Con il brutto tempo venivano solo quelli a noi più familiari; con le vesti zuppe, si sedevano davanti al fuoco. Ero spossato, mi sentivo così male da non poter fare nulla: restavo in silenzio a osservarli perché la loro sana presenza mi guariva. I prediletti di mia moglie erano fragili e troppo buoni; mi irritai contro di lei e loro e alla fine non volli più che venissero perché mi facevano paura.

&

Un mattino, ebbi la singolare rivelazione di quello che sono: Moktir, il solo fra i bambini protetti da Marceline che non mi infastidisse, era con me nella camera. Stavo in piedi accanto al fuoco, con i gomiti appoggiati sul ripiano del caminetto, davanti a un libro e vedevo riflesse nello specchio le movenze del bambino al quale voltavo le spalle. Spinto da una curiosità che non sapevo spiegarmi, lo sorvegliavo. Moktir, credendomi assorto nella lettura, non immaginava di essere osservato. Lo vidi avvicinarsi senza far rumore a una tavola su cui Marceline aveva posato, accanto al lavoro, un paio di forbici; se ne impadronì e con un gesto rapido le infilò nel barracano.

Per un istante, il mio cuore batté con veemenza, ma non ci fu ragionamento, né pensiero alcuno che riuscisse a far nascere in me il minimo sentimento di rivolta. Tutt'altro! Non riuscii a dimostrare a me stesso di aver provato un sentimento che non fosse di piacere. Lasciato a Moktir il tempo di arraffare tutto ciò che gli piaceva, mi volsi e gli parlai come se niente fosse successo.

Marceline era molto affezionata a quel bambino; ma non fu la paura di arrecarle un dispiacere che mi indusse, quando la vidi, a inventare una scusa insensata per giustificare la scomparsa delle forbici, piuttosto che denunciare il bambino.

Da quel momento, Moktir divenne il mio favorito.

V

Il nostro soggiorno a Biskra giungeva al termine. Finite le piogge di febbraio, il caldo si manifestò in modo violento. Così, dopo un periodo cupo un mattino mi svegliai sotto un cielo terso. Mi precipitai in terrazza; il cielo da un orizzonte all'altro si presentava limpido. Sotto il sole già ardente, vapori umidi si levavano, l'oasi fumava, si sentiva l'Uadi in piena brontolare da lontano. L'aria era così pura, leggera, che ne ebbi un immediato giovamento. Comparve Marceline: volevamo uscire ma il fango accumulatosi ce lo sconsigliò. Alcuni giorni dopo tornammo al frutteto di Lossif: gli steli, appesantiti, erano rigonfi d'acqua. Questa terra africana di cui non avevo mai conosciuto questa attesa segreta, dopo essere stata sommersa per giorni, si stava destando dall'inverno, ebbra d'acqua, turgida di linfe nuove; rideva tutta la primavera prorompente che avvertivo ripercuotersi e riflettersi in me.

Ashour e Moktir ci accompagnarono in quella prima escursione: godevo sempre della loro discreta amicizia al misero prezzo di mezzo franco al dì. Tuttavia, in breve, stancatomi di loro, abbastanza in forze da non avere più a stimolo la loro salute e dai loro giochi alcuna gioia, rivolsi verso mia moglie l'esaltazione dei miei sensi. Dalla felicità che ne trasse, compresi che era stata a lungo triste. Mi scusai per averla spesso trascurata, attribuendo alla debolezza il mio umore instabile e bizzarro e le dissi che ero stato troppo stanco per amarla, ma che avrei sentito crescere, di pari passo con la salute, il mio amore. Dicevo il vero, ma ero ancora piuttosto debole perché trascorse più di un mese prima che desiderassi congiungermi con lei. Il caldo aumentava di giorno in giorno. Niente ci tratteneva a Biskra, se non quel fascino che mi avrebbe richiamato là in seguito. La nostra decisione di partire fu improvvisa. In tre ore, i bagagli furono pronti. Il treno sarebbe partito all'alba del giorno a venire.

&

Rammento l'ultima notte. La luna era quasi piena; la luce filtrava dalla mia finestra aperta illuminando la mia camera. Marceline dormiva, credo. Io mi trovavo a letto, insonne. Avvertivo ardere in me una febbre gioiosa che altro non era che vita. Mi alzai, immersi nell'acqua mani e viso e aperta la porta a vetri, uscii.

Era tardi, non c'erano rumori, né un soffio di vento: tutto pareva addormentato. In lontananza, i cani arabi che guaiscono tutta la notte, si sentivano appena. Davanti a me, il cortiletto; vi cadeva dal muro di fronte una striscia d'ombra obliqua; i palmizi uniformi senza più colore, né vita, parevano diventati immobili per sempre... nel sonno si trovava ancora un palpito di vita, ma là invece ogni cosa pareva dormire, giacere morta. Quella calma mi spaventò; e d'improvviso mi pervase nuovamente il sentimento tragico della vita, così impetuoso, violento, doloroso che mi sarei messo a gridare, come una bestia ferita. Mi presi la mano sinistra e me la portai alla testa... Perché?

Per assicurarmi di essere vivo e sentire di esserlo mi parve una cosa straordinaria. Un brivido mi attraversò. Verrà il giorno, mi dissi, in cui anche se sarò disperatamente assetato, non avrò più la forza di portarmi l'acqua alle labbra. Rientrai ma non andai subito a coricarmi; volevo fermare quella notte, trattenerla; non sapendo cosa fare, presi la Bibbia dal tavolo e l'aprii a caso; chino al chiarore della luna riuscii a leggere le seguenti parole dette da

Cristo a Pietro che mai avrei dimenticato: "Adesso tu ti cingi da solo e vai dove vuoi andare: ma quando sarai vecchio, tenderai le mani... tenderai le mani..."

Alle prime luci dell'alba partimmo.

VI

Non riporterò minuziosamente ogni tappa del viaggio. Di alcune mi è rimasto un confuso ricordo; la mia salute ora migliorava, ora peggiorava; il vento freddo vi agiva negativamente e anche lo stato dei miei nervi era causa di parecchi disturbi; ma i miei polmoni parevano in via di guarigione.

Ogni ricaduta si presentava meno violenta e il mio corpo si difendeva meglio.

Raggiungemmo Malta via Tunisi e poi, da lì, Siracusa; ritornavo in una terra di cui mi era nota la lingua e il passato. Fin dal manifestarsi della malattia, avevo vissuto senza controllo, senza regole, preoccupandomi unicamente di vivere, alla stregua degli animali o dei bambini.

Meno coinvolto nella malattia, la vita si ripresentava a me sicura e cosciente. Dopo quella lunga agonia avevo creduto di rinascere come ero un tempo e di poter ricollegare presente e passato; ora però non era più possibile e tutto contribuiva a convincermi in tal senso: ero cambiato.

Quando, a Siracusa, intesi riprendere i miei studi e tuffarmi come prima nell'esame scrupoloso del passato, scoprii che qualcosa mi aveva modificato, pregiudicando il piacere di ogni mia ricerca: si trattava del sentimento del presente.

La storia del passato ai miei occhi assumeva quella staticità terrificante delle ombre notturne ravvisate nel cortiletto di Biskra: la fissità della morte.

Prima amavo quella fissità che dava ordine al mio pensiero; tutte le vicende storiche mi apparivano come gli oggetti di un museo o meglio, come le piante di un erbario, dinanzi alle quali, ormai avvizzite per sempre, era facile obliare che erano state ricche di linfa e avevano vissuto sotto il sole.

Oramai, se riuscivo ancora ad amare la storia, era solo figurandomela nel presente. I grandi fatti politici mi commuovevano ora assai poco, maggiore era l'emozione risvegliata in me dai poeti, o da taluni uomini d'azione. A Siracusa rilessi Teocrito[9] e pensai che i suoi pastori fossero gli stessi che avevo amato a Biskra. L'erudizione che si risvegliava in me a ogni passo, ostacolandomi, mi impediva di provare gioia. Non potevo recarmi in un teatro greco, un tempio, senza ricostruirlo subito astrattamente nella mia mente. A fronte di ogni testimonianza di antichi baccanali, vedendo le rovine che ne restavano, io ero afflitto dal pensiero che fossero cose andate, morte, tanto da provarne orrore. Giunsi al punto di evitare i siti archeologici e preferirgli quei giardini bassi chiamati latomie[10] dove i limoni racchiudono quella dolcezza acre degli aranci, e le rive della Ciane[11] che, nei papiri, scorre ancora azzurra come il giorno in cui pianse Proserpina[12]. Mi spinsi al punto di disprezzare in me quella scienza di cui prima andavo fiero: gli studi che in precedenza

---

9 Ndt. Teocrito, vissuto a Siracusa tra il IV e il III secolo a.C., fu il maggiore poeta dell'età ellenistica. Inventore della poesia bucolica, scrisse molti componimenti di vario genere: inni, elegie, liriche, giambi, epigrammi.

10 Ndt. Il termine latomia deriva dal greco *latomíai*, composto di *lâs*, pietra, e *tomíai*, tagliare. Nell'antichità greco-romana le latomie erano cave di pietra o di marmo usate per incarcerare schiavi, prigionieri di guerra o delinquenti. Le più note sono quelle di Siracusa, che ne conta moltissime e di varie dimensioni.

11 Ndt. Il fiume Ciane è un breve corso d'acqua della Sicilia orientale che nasce dalle sorgenti Pisma e Pismotta e sfocia nel porto grande di Siracusa dopo un breve percorso.

12 Ndt. La dea Proserpina venne rapita da Plutone, dio degli inferi, proprio mentre si trovava intenta a raccogliere dei fiori sulle sponde del lago Pergusa. Trascinata nel regno dei morti, divenne sua sposa e regina degli inferi. Dopo che la madre Cerere, divinità agricola, ebbe chiesto a Giove di farla liberare, Proserpina poté trascorrere sei mesi ogni anno in superficie insieme alla madre, a patto che trascorresse i restanti sei mesi con Plutone negli inferi. Cerere faceva però calare il freddo e il gelo durante i mesi in cui la figlia era assente come segno di dolore, per poi far risvegliare la natura per il ritorno di Proserpina sulla terra: è proprio a questo mito che si fa risalire l'alternanza delle stagioni.

erano stati tutta la mia vita mi parevano avere un rapporto solo convenzionale con me.

Vivevo persino al di fuori di essi! Come specialista mi avvidi di non valere poi granché. E come uomo mi conoscevo, forse? Nascevo solamente allora e non potevo ancora sapere cosa sarei stato. Ecco cosa dovevo imparare.

Per chi è stato sfiorato dall'idea della fine, ciò che pareva importante non lo è più: altre cose lo sono che prima non apparivano tali e di cui non si conosceva neppure l'esistenza. Il cumulo di tutte le conoscenze che gravano sul nostro animo si sfalda come il cerone sul volto, mettendo a nudo la carne, l'essere vero che sotto si nasconde.

Da quel momento in avanti fu lui che io intesi scoprire: l'essere autentico, quello che il Vangelo aveva rigettato; quello che, intorno a me, libri, maestri, genitori e io medesimo, ci eravamo prodigati a sopprimere. A cagione di quelle sovrapposizioni, esso mi si mostrava logoro, difficile stanare, ma proprio in virtù di tutto ciò più utile e ardimentoso. Da lì innanzi provai disprezzo per l'altro essere, quello che l'istruzione e l'educazione avevano formato al di sopra. Dovevo scollarmi di dosso tutte quelle sovrastrutture.

Mi paragonavo ai palinsesti; provavo la gioia dello studioso il quale, sotto una scrittura recente, rinviene un più prezioso testo. Qual era quel testo occulto? Per leggerlo non occorreva in primo luogo cancellare gli scritti più recenti?

Oltretutto non ero più la creatura fragile consacrata ai soli studi a cui si addiceva la precedente morale rigida e restrittiva. La mia era qualcosa di più di una convalescenza; era arricchimento, recrudescenza di vita, affluire di sangue più ossigenato che arrivava alla mia mente, sollecitando i pensieri, toccandoli uno ad uno; penetrava, irrorava, commuoveva, toccava le fibre più distanti, delicate e segrete del mio essere. Perché alla robustezza, come all'inedia ci si adatta, l'io si plasma a seconda dei mezzi di cui dispone, ma appena esse aumentano, appena permettono l'azzardo, allora...

Al momento non avevo ancora in me tutti questi pensieri, questa descrizione che fornisco della mia situazione interiore non è esatta. In verità non pensavo, non mi esaminavo: ero guidato da un fatalismo ebbro. Temevo che uno sguardo troppo affrettato venisse a pregiudicare la mia lenta mutazione. Bisognava dare ai caratteri sbiaditi il tempo di ricomparire e non cercare di formarli. Lasciando, dunque, il mio cervello non nell'abbandono, ma a riposo, mi affidai con voluttà a me stesso, alle cose, al tutto, che mi sembrava divino. Avevo lasciato Siracusa e correvo lungo il declivio che unisce Taormina a Castel Mola gridando, per evocarlo in me: un essere nuovo! Il mio sforzo, all'epoca costante, era perciò quello di bandire o sopprimere sistematicamente in me tutto ciò che pensavo fosse dovuto solo alla mia istruzione presente alla morale originaria. Disdegnando la mia cultura, disprezzando i piaceri di studioso rifiutai di visitare Agrigento e, giorni dopo, sulla strada che conduce a Napoli, tirai dritto davanti al tempio di Paestum[13], laddove la Grecia sopravvive ancora, e dove mi recai due anni dopo, a pregare non so quale divinità.

Ma perché faccio accenno a un unico sforzo? Come potevo interessarmi a me stesso se non come essere perfettibile?

Mai prima la mia volontà era stata fortemente tesa a raggiungere quella perfezione sconosciuta e da me confusamente immaginata; applicavo la mia volontà tutta quanta a irrobustire il mio corpo, a renderlo bronzeo. Vicino a Salerno, lasciata la costa, avevamo raggiunto Ravello. Là l'aria pungente, la seduzione delle rocce piene di anfratti, la profondità misteriosa dei precipizi, rinvigorendo le mie forze, favorirono nuovi slanci.

Più vicina al cielo di quanto si trovi distante dalla costa, Ravello sorge su una balza scoscesa di fronte alla riva piatta di Paestum. Al tempo della denominazione normanna era questa una città di una certa rilevanza, ma adesso non è che un piccolo borgo, dove noi eravamo i soli stranieri. L'albergo nel quale soggiornammo

---

13 Ndt. Paestum è il nome romano di un'antica polis della Magna Grecia, situata oggi nella regione Campania in provincia di Salento. Il tempio più grande di Paestum, è il Tempio di Nettuno, costruito intorno alla metà del V secolo a.C., epoca di maggiore fioritura del centro, il tempio appartiene al periodo cosiddetto "severo" dell'arte greca e si caratterizza per la grandiosa imponenza degli elementi architettonici, caratterizzati da un aspetto straordinariamente maestoso. A partire dalla seconda metà del XVIII secolo, esso svolse un ruolo decisivo nella riscoperta dell'architettura greca accaduta.

nell'antichità era stato un monastero; collocato all'estremità della rupe, le sue terrazze e il suo giardino sembravano cadere a strapiombo nell'azzurro. Oltre il muro carico di pampini, a prima vista non appariva altro che il mare; bisognava avvicinarsi al muro per scorgere il pendio coltivato lungo il quale scalinate uniscono Ravello alla riva. Sopra il borgo, la montagna proseguiva. Ulivi e giganteschi carrubi all'ombra di qual crescevano ciclamini; più in alto castagni, aria fresca, piante tipiche del nord; dabbasso, a ridosso del mare i limoni. Sono disposti in appezzamenti, giardini e terrazze, quasi tutti simili tra loro, seguendo l'inclinazione del terreno; un vialetto li attraversa da un capo all'altro; vi si entra come ladri, senza fare rumore. Sotto quest'ombra verde è consentito sognare: il fogliame è fitto, pesante; neanche un raggio di sole vi penetra; i limoni vi pendono profumati come gocce di cera densa; nell'ombra sono bianchi e verdastri; sono a portata di mano, per chi ha sete; sono dolci, aspri, rinfrescano.

L'ombra era così fitta, sotto di loro, che non osavo fermarmi dopo il cammino, quando ancora sudavo. Tuttavia, le scale non mi sfinivano più; mi esercitavo a salirle a bocca chiusa, trattenendo il respiro: compievo tratti sempre più lunghi dicendo a me stesso: "Arriverò fin lassù senza cedere..."

Poi, raggiunta la meta, trovando una ricompensa al mio orgoglio compiaciuto, respiravo profondamente, con forza, in modo tale che avevo l'impressione che l'aria mi penetrasse a fondo nel torace. Riversavo su queste cure del corpo la mia applicazione di un tempo e progredivo.

Talvolta, mi stupivo di recuperare la salute tanto in fretta. Giungevo anche a pensare di avere precedentemente giudicato il mio stato di salute più grave di quanto non fosse: arrivavo persino a dubitare di essere mai stato malato, a sorridere dei miei rigurgiti di sangue, quasi a rimpiangere che la mia guarigione non avesse richiesto maggiore impegno.

Dapprima mi ero curato con molta leggerezza, ignorando le necessità del mio corpo. Le studiai pazientemente e divenni, per quanto riguarda la prudenza e le cure, di un'ingenuità da divertirmici come in un gioco.

Quello di cui soffrivo maggiormente era ancora la mia sensibilità di malato al più piccolo mutamento di temperatura. Ora che i polmoni erano guariti, attribuivo quella iperestesia alla fragilità dei nervi, residuo della malattia. Volli vincere anche questo.

Alla vista della pelle resa ambrata dai raggi del sole di alcuni contadini che lavoravano nei campi, vestiti con la camicia aperta sul petto, fui invogliato ad abbronzarmi anch'io. Un mattino, spogliatomi, mi guardai; vidi le braccia troppo magre, le spalle, che anche con sforzo non riuscivo a raddrizzare, ma soprattutto il biancore, per cui provai vergogna e gli occhi mi si riempirono di lacrime. Mi rivestii di fretta e invece di scendere ad Amalfi, come avevo l'abitudine fare, mi diressi verso alcune rocce ricoperte di erba rasa e muschio, lontano dalle case, lontano da tutto, dove sapevo di non essere visto. Arrivato là mi spogliai. L'aria era pungente, ma il sole bruciava. Porsi tutto il corpo al suo calore. Mi sedetti, mi distesi, mi voltai. Sentivo sotto di me il terreno duro: il fremito delle erbe selvatiche sfiorarmi. Sebbene fossi al riparo dal vento, fremevo a ogni soffio. Presto fui preso da una deliziosa sensazione di calore; tutto il mio essere affluiva verso la pelle.

Sostammo a Ravello due settimane; ogni mattina tornavo alle rocce e proseguivo la cura. Dopo un po' reputai fastidiosi, superflui i troppi vestiti con cui mi coprivo; la mia cute tonificata smise di traspirare in continuazione e riuscì a proteggersi con il suo proprio calore.

Il mattino di uno di quegli ultimi giorni (era la metà di aprile), azzardai di più. In un anfratto tra le rocce di cui sopra, sgorgava una fonte d'acqua chiara. Scorrendo formava una cascata piccola, ma sufficiente da scavare sotto di sé una conca profonda dove l'acqua limpida stagnava. Mi ci ero recato già tre volte: ne avevo contemplato il fondo della roccia liscia priva di erbe. La quarta volta, deciso mi gettai di slancio nella conca. Rabbrividii e uscito dall'acqua mi sdraiai al sole. Tutt'intorno fiorivano pianticelle di menta, odorose; ne colsi, strizzai le foglie tra le mani e le strusciai sul corpo, umido, bruciante.

Senza più vergogna, ma con gioia, mi contemplai a lungo. Mi vidi non ancora robusto, ma in grado di diventarlo, armonioso, appetibile, sensuale, bello.

VII

In questo modo, io impegnavo tutte le mie forze, tutta la mia capacità di lavoro in esercizi fisici che, se avevano contribuito a cambiare la mia concezione morale, mi sembravano d'altra parte solamente una forma di allenamento, un mezzo, e per se stessi non mi appagavano più.

Compii allora un'ulteriore azione ai vostri occhi forse ridicola, ma che riporterò, perché nella sua ingenuità rivela il bisogno tormentoso ch'era mio di rendere manifesto il cambiamento intimo avvenuto in me: ad Amalfi mi ero fatto radere la barba.

Fino ad allora avevo lasciato che crescesse e portavo i capelli corti. Non avevo mai pensato di variare il mio aspetto. Poi, improvvisamente, il primo giorno in cui mi stesi nudo su quella roccia, la barba urtò la mia sensibilità, quasi come fosse un ultimo indumento da cui non potevo spogliarmi; la sentivo come un'aggiunta, una cosa posticcia; si trattava di una barba ben curata ma di una forma che mi parve ridicola e inappropriata. Quando rientrai nella mia camera d'albergo e mi specchiai, non mi piacqui; parevo lo stesso di sempre: uno studioso di antichi carteggi. Così, fatta colazione mi recai ad Amalfi ben deciso sul da farsi. La città era piccolissima e dovetti accontentarmi di un misero negozietto di piazza.

Essendo giorno di mercato la bottega era piena e dovetti attendere a lungo: ma niente, né i rasoi sospetti, né il pennello, l'odore o le ciance del barbiere mi distolsero dal mio intento. Sentendo la barba cadere sotto l'azione delle forbici mi pareva fossi privato di una maschera. Quando alla fine mi vidi, fui assalito da un'emozione che contenni a fatica: non di gioia, ma di terrore.

Non cerco di dare una ragione a questo sentimento, mi limito a osservarlo e i miei lineamenti mi parvero piacevoli. La paura a dire il vero mi veniva dal fatto che mi pareva si mettesse a nudo ogni mio pensiero e che essi fossero orrendi.

Allora mi lasciai crescere i capelli. Questo, tutto ciò che il nuovo essere ancora inattivo mi suggeriva di fare. Ritenevo che lui avrebbe concepito atti tali da sorprendermi, ma più avanti, mi dicevo, più avanti, quando si sarà ben strutturato. Costretto a vivere nell'attesa, il mio modo di agire restava, come direbbe Cartesio,[14] provvisorio. Per questo Marceline cadde nell'inganno. Ella avrebbe potuto preoccuparsi, notando che il mio sguardo era diverso e che i miei lineamenti avevano assunto un nuovo intendimento, soprattutto il giorno che comparii senza barba: ma mi amava troppo per vedermi per ciò che ero; e inoltre, io la rassicuravo come meglio potevo.

Quello che Marceline amava, l'uomo che aveva voluto sposare, non era il mio nuovo io, ma il vecchio.

Così, fingevo affinché mia moglie non ostacolasse la mia rinascita e le consegnavo di me un'immagine che diveniva giorno dopo giorno più falsa.

Nell'attesa della mia rinascita i rapporti con Marceline restarono sempre gli stessi, sebbene venissero esaltati giorno dopo giorno da un amore sempre più grande. Ma il mio stesso dissimulare (se posso così definire il bisogno di proteggere il mio pen-

---

14 Ndt. Cartesio, in francese René Descartes, filosofo e matematico del XVII secolo, è ritenuto il primo pensatore moderno. Nel *Discorso sul metodo*, pubblicato nel 1637 come prefazione a tre saggi scientifici (*La diottrica*, *Le meteore*, *La geometria*), egli presenta il metodo da lui elaborato per arrivare alla certezza e alla verità, la cui tappa fondamentale è disfarsi del patrimonio di conoscenze generalmente accolto, per ricostruire un nuovo edificio del sapere. Introducendo, quindi, il dubbio assoluto, si è obbligati a sospendere tutti i suoi giudizi, rinunciando anche alla morale. Nasce quindi la necessità di costruirsi una morale *provvisoria*, le cui regole deduce dall'istruzione gesuita ricevuta, sino a quando non sarà ricostruito l'edificio del sapere.

siero dal suo giudizio) ingigantiva questo amore. Intendo dire
che questo gioco mi costringeva a pensare continuamente a lei.
Forse in principio mi fu penoso dover ricorrere alla menzogna;
ma presto compresi che le cose ritenute peggiori sono difficili da
compiere solo quando non si ha esperienza in merito; ma presto
diventano tutte agevoli, gradite, facili da replicare e in seguito del
tutto naturali. Avvenne così, come accade per ogni cosa dopo
che si sia vinto l'iniziale disgusto, che io finii per trovare un sotti-
le piacere nella finzione, lasciandomi prendere nel gioco di queste mie facoltà misconosciute. E di ora in ora progredivo, in una
vita più ricca e piena, verso le ghiottonerie di una nuova felicità.

VIII

La strada che da Ravello conduce a Sorrento è talmente bella che non pensavo, il mattino che la percorremmo, che potesse esserci qualcosa di più bello su questa terra. Il contatto con la roccia ruvida e calda, l'aria aperta e libera, gli aromi, tutto contribuiva al delizioso piacere di vivere colmandomi al punto che avvertivo soltanto una gioia lieve: ricordi, rimpianti, speranze o desideri, futuro e passato, tacevano; l'esistenza riconosceva solo ciò che l'istante dona e porta con sé.

"Oh, gioia fisica!", esclamavo. Ritmo sicuro dei muscoli, salute. Ero partito il mattino di buon'ora, precedendo mia moglie; ritenevo che la sua gioia calma avrebbe sedato la mia, così come il suo passo rallentato il mio incedere. Mi avrebbe raggiunto in carrozza a Positano, per far colazione insieme.

Mi avvicinavo a Positano quando un cigolare di ruote, che faceva da corale a uno strano canto, mi spinse a voltarmi di scatto. In principio non potei vedere niente a causa di una svolta della strada che in quel punto costeggiava la scogliera; poi, spuntò una carrozza lanciata a un ritmo indiavolato: era quella di Marceline. Il fiaccheraio in cassetta cantava a squarciagola, gesticolava, si alzava in piedi, frustava il cavallo che sembrava impazzito. Sfrecciò di fianco a me e feci appena in tempo a farmi da parte, non si arrestò al mio richiamo... Provai a buttarmi all'inseguimento, ma la vettura correva troppo forte. Tremavo all'idea di vedere mia moglie sbalzata fuori e allo stesso tempo mi auguravo che si buttasse fuori dall'abitacolo; un sobbalzo e il cavallo sarebbe precipitato in mare. Poi, d'un tratto il quadrupede stramazzò al suolo. Marceline scese con il chiaro intento di fuggire; in un attimo io ero accanto a lei. Il cocchiere appena mi vide mi accolse con orrendi improperi e bestemmie. Ero infuriato con lui e, al primo reiterato insulto, lo tirai giù dal sedile. Ci accapigliammo, rotolammo a terra insieme ed io continuavo ad avere la meglio; stordito per la caduta, presto lo fu ancora di più, perché, accortomi che tendeva a mordermi, lo colpii con un pugno in pieno volto. Non mollai la presa, premendogli un ginocchio sul torace e provando a imbrigliargli le braccia. Guardavo il suo orrendo viso, che il mio pugno aveva reso ancora più brutto: sbavava, sanguinava, imprecava, ah! Che tipo orrendo! Mi sembrava legittimo strangolarlo e forse lo avrei pure fatto... mi sentivo capace di agire in tal senso, sennonché il pensiero di doverne rendere conto alla giustizia mi frenò.

Riuscii non senza difficoltà a legare quel pazzo e lo gettai nella carrozza come un sacco di patate... Ah, quali sguardi ci scambiammo dopo mia moglie e io! Il pericolo corso non era stato eccessivo, ma avevo voluto mostrarle tutta la mia forza, che ero in grado di proteggerla. In quel modo mi fu chiaro che avrei potuto sacrificare la vita per lei e con immenso piacere. Il cavallo si era rialzato. Lasciammo il conducente adagiato nell'abitacolo e, saliti entrambi a cassetta, lentamente raggiungemmo Positano e quindi Sorrento.

Fu quella notte che possedetti Marceline.

Avete capito, o c'è bisogno che lo ripeta, che io ero nuovo alle delizie dell'amore? Forse fu proprio quella freschezza che donò alla nostra prima notte tutto il suo incanto. Perché mi pare, per quanto possa ricordare oggi, che quella notte fu l'unica che io ebbi, a tal punto la voluttà e il piacere furono accresciuti allora dall'attesa e dalla sorpresa dell'amore - a tal punto una notte sola può bastare all'amore più immenso per rivelarsi, a tal punto la sua mente si ostina a preservarla come unica. Fu il sorriso di un momento, in cui le nostre anime si congiunsero. Ma poi ritengo che ci sia nell'amore un attimo perfetto, unico, che l'anima più tardi cerca invano di superare; lo sforzo ch'essa compie per resuscitarla, la sua felicità consuma; non c'è niente che ostacola la felicità quanto il rimembrare della stessa. Così, io mi ricordo di quella notte.

Il nostro albergo, fuori il centro cittadino, era circondato da giardini e frutteti; un ampio balcone fiorito di rami prolungava la nostra camera. L'alba entrò dalla finestra lasciata aperta. Mi sollevai piano e teneramente mi chinai su Marceline. Dormiva e nel sonno pareva sorridere. Ebbi l'impressione di essere più forte; la sentivo delicata accanto a me, intinta di una grazia fragile. Un turbinio di pensieri mi agitarono la mente. Pensai che quando diceva che ero tutto per lei, mentiva; e subito mi suggerii: "Cosa faccio io per renderla felice? La lascio ogni giorno quasi sempre sola. Lei mi aspetta e io la trascuravo, povera la mia Marceline!". Gli occhi mi si riempirono di lacrime. Invano cercai una scusa al mio precedente stato di debolezza: quale bisogno avevo adesso di cure costanti e di attenzioni? Non ero forse, più forte di lei?

Il sorriso era scomparso dalle sue labbra; l'aurora, che pure indorava ogni cosa, me la mostrò afflitta e pallida: forse, era l'avvicinarsi del mattino a rendermi prossimo all'angoscia?

"Dovrò a mia volta curarla? Preoccuparmi per lei?", chiesi pervaso dalla disperazione.

Rabbrividii e, pieno d'amore, di compassione e tenerezza, diedi tra i suoi occhi chiusi il mio bacio più tenero, amorevole, devoto.

IX

I pochi giorni che sostammo a Salerno furono soleggiati e sereni. Avevo mai goduto di un tale riposo, di tanta felicità? Potevo sperare di assaporarne di ulteriori? Restavo costantemente accanto a Marceline, pensando sempre meno a me stesso e occupandomi di lei. Parlando con mia moglie, provavo l'ebrezza che nei giorni addietro avevo scovato nella solitudine e nel silenzio.

In principio fui stupito di apprendere che la nostra esistenza vagabonda, in cui mi proponevo di trovare viva soddisfazione, fosse a lei gradita solo come stato provvisorio; ma ben presto avvertii anch'io il vuoto di questo incedere ozioso; accettai l'idea, per la prima volta, che quel periodo dovesse chiudersi, cominciai a paventare il nostro ritorno e, dalla gioia che tradì mia moglie, compresi che ella si augurava questo da tempo.

D'altra parte, quegli studi di storia ai quali ricominciavo a pensare non suscitavano in me più alcuna attrattiva. L'ho già detto, dopo la malattia la conoscenza astratta del passato mi sembrava inutile. Se un tempo avevo provato interesse per le ricerche filologiche e mi ero dedicato con impegno a stabilire quale parte avesse subito l'influsso gotico nella deformazione della lingua latina e trascurato figure quali Teodorico di Cassiodoro, Amalasunta e le loro straordinarie passioni per infiammarmi solo davanti ai documenti e ai frammenti della loro vita, adesso quegli stessi frammenti e la filologia erano per me solo uno strumento per penetrare più a fondo quella vita di cui improvvisamente mi si rivelò la barbara grandezza e nobiltà. Risolsi di occuparmi nello specifico di quell'epoca, di concentrarmi per un certo periodo di tempo sugli ultimi anni dell'impero dei Goti,[15] e di consacrare a questo la prevista tappa del nostro viaggio a Ravenna, città che fu teatro della loro agonia. Lo confesso, il giovane re Atalarico[16] era quello che maggiormente mi attirava. Vedevo nell'immaginazione questo giovane quindicenne, segretamente incitato dai Goti, ribellarsi alla madre Amalasunta e rifiutare l'educazione latina, respingere la cultura come un puledro che si scrolla di dosso i finimenti. Lo vedevo preferire la compagnia dei barbari Goti a quella del saggio Cassiodoro[17] e assaporare, per alcuni anni, insieme con i ruvidi suoi coetanei, una vita violenta, sfrenata e morire a diciotto anni a causa degli eccessi. Ritrovavo in questo tragico slancio verso il selvaggio e puro qualcosa di quello che mi moglie definiva sorridendo "la mia crisi". Cercavo un appagamento nell'applicarvi la mente, poiché non lo facevo con il corpo, e dall'orrenda fine di Atalarico pensavo necessario trarne una lezione. Prima di Ravenna dove ci saremmo trattenuti un paio di settimane, avremmo visitato rapidamente Roma e Firenze, quindi, tralasciando Venezia e Verona, avremmo concluso il nostro viaggio fermandoci nella sola Parigi. Provavo un piacere nuovo a parlare con Marceline del futuro; avevamo ancora qualche incertezza sul come passare l'estate, ma, entrambi, stufi di viaggiare, non avevamo nessun desiderio di ripartire; confidavo di poter disporre

15 Ndt. I Goti furono una federazione di tribù germaniche orientali che invase l'Europa centro-meridionale nell'ultimo periodo dell'Impero Romano d'Occidente. Rimasti fino al III secolo una tribù unita, si divisero in Visigoti (Europa orientale) e Ostrogoti (Europa occidentale) a seconda delle zone d'insediamento. Soltanto nel VI secolo, con il re Teodorico il Grande (493-526), i Goti vennero riuniti sotto un'unica corona, ma già dopo la sua morte la storia dei Visigoti e degli Ostrogoti procedette in modo indipendente.

16 Ndt. Alla morte del re ostrogoto Teodorico il Grande fu designato come suo successore il nipote Atalarico, figlio di Amalasunta, che però, data la giovane età del figlio, divenne reggente. Non sopportando la reggenza di una donna, né i rapporti ossequiosi di quest'ultima verso Bisanzio e verso i Romani, né l'educazione romana impartita ad Atalarico la nobiltà gota riuscì a strapparle il figlio e a educarlo secondo le usanze del suo popolo. Il giovane Atalarico, però, morì prematuramente nel 534.

17 Ndt. Cassiodoro è stato un politico, storico e letterato romano, che visse sotto il regno romano-barbarico degli Ostrogoti e successivamente sotto l'Impero Romano d'Oriente. Svolse un'importante carriera politica, ricoprendo ruoli molto vicini al sovrano.

di tranquillità per i miei studi, per cui pensavamo di stabilirci in una proprietà fra Lisieux e Pont-l'Evenque nella verde Normandia – che un tempo era stata di mia madre – dove avevo trascorso con lei alcune estati della mia infanzia e non ero più tornato dopo la sua morte. Mio padre ne aveva affidato l'amministrazione a un oramai anziano custode, che si incaricava di riscuotere le locazioni dei poderi che ci inviava con regolarità.

Un'abitazione grande e confortevole, in mezzo a un giardino attraversato da acque sorgive, aveva lasciato in me ricordi incantevoli; la chiamavamo la Morinière; e mi pareva bello viverci.

L'inverno successivo, dicevo, lo avremmo trascorso a Roma, non come turisti, ma lavorando, stavolta. Ma quest'ultimo progetto fu presto annullato: tra la posta che da lungo mi attendeva a Napoli, trovai l'inattesa notizia che, essendo vacante una cattedra al Collegio di Francia, si era fatto il mio nome; si trattava solo di una supplenza, la quale però proprio in virtù di questo, prometteva di lasciarmi maggiore libertà; l'amico che me ne informava, indicandomi i passi che avrei dovuto fare qualora avessi accettato, insisteva affinché non rifiutassi.

Esitai perché a prima vista mi pareva una schiavitù; poi, reputai interessante esporre in un corso di lezioni i miei studi su Cassiodoro. Infine, il piacere che avrei arrecato a Marceline, mi fece decidere: vidi nella cosa i soli lati positivi.

Mio padre aveva intessuto una fitta rete di relazioni con l'ambiente di studiosi di Roma e Firenze, con i quali anch'io mi trovavo in corrispondenza. Grazie a quelle conoscenze, avevo facoltà di intraprendere tutte le ricerche che avessi voluto, a Ravenna come altrove: non pensavo ormai che al lavoro. Mia moglie studiava come essere di aiuto ai miei progetti riservandomi mille attenzioni e premure. La nostra felicità in quell'ultima parte del viaggio fu così continua, calma, che non ho niente da riportare. Le opere migliori dell'uomo trovano origine dal dolore. Cos'è il racconto della felicità? Solamente ciò che la favorisce o la annienta, in questo senso la si può raccontare. E io ho fin qui descritto ciò che l'aveva preparata.

SECONDA PARTE

Arrivammo alla Morinière ai primi di luglio dopo aver sostato a Parigi solo il tempo necessario per compiere alcune spese e fare alcune visite. La Morinière, come ho già detto, si trova tra Lisieux e Pont-l'Eveque, nella regione più ombrosa e più provvida di acque che io conosca. È percorsa da valle strette e sinuose, che confluiscono vicino all'ampia vallata di Auge, laddove questa si fa improvvisamente piana sino al mare. Non s'intravede un orizzonte; ma boschi cedui ricchi di mistero; campi, ma soprattutto prati; pascoli declinanti dolcemente e da un'erba folta che viene tagliata un paio di volte l'anno, meli i quali quando il sole è basso formano un'ampia zona d'ombra dove pascolano liberi le greggi e dappertutto si avverte acqua, acqua gorgheggiare.

Oh, come riconobbi subito casa! I tetti azzurri, i mattoni di pietra, i canali, le acque stagnanti... Si trattava di una vecchia casa, capiente: avrebbe potuto ospitare una dozzina di persone; Marceline, tre domestici e anch'io che a volte mi univo a loro, riuscivamo a fatica ad animarne una parte.

Il custode, il cui nome era Bocage, aveva già fatto preparare alcune stanze, l'antica mobilia fu risvegliata da un lungo sonno ventennale; tutto era rimasto come nei miei ricordi, le camere si presentavano accoglienti e confortevoli. Per impressionarci favorevolmente, Bocage aveva riempito di fiori tutti i vasi reperibili; aveva fatto sarchiare e rastrellare il cortile e i viali del parco più prossimi all'abitazione. Questa, quando vi giungemmo, riceveva l'ultimo raggio di sole e dalla vallata saliva una leggera foschia attraverso la quale il fiume compariva e scompariva. Già prima di arrivare riconobbi il profumo mandato dall'erba e quando sentii di nuovo intrecciarsi attorno all'edificio gli acuti gridi delle rondini, il passato mi riconobbe e dopo avermi accolto, volle chiudersi dietro me.

Di lì a qualche giorno la casa divenne abbastanza confortevole e avrei potuto dedicarmi al lavoro e tuttavia, toccato dal mio passato che rivivevo, indugiavo. Marceline, trascorsa una settimana, mi confessò di essere in attesa di un bambino.

Da quel momento in poi mi parve doveroso circondarla di maggiori attenzioni, pensai che avesse diritto a una tenerezza maggiore; dopo che mi ebbe informato del fatto, io trascorsi, per lo meno i primi tempi, l'intera giornata con lei. Andavamo a sederci al limitare del bosco, sulla panchina che a suo tempo ero solito occupare con mia madre; là in ogni momento si offriva a noi un incanto più intimo e il tempo scorreva senza che ce ne accorgessimo. Non conservo nessun particolare ricordo di quel periodo della mia vita, ma questo non significa che non ne serbi memoria viva: in verità tutto si fondeva in una serenità uniforme, in cui sera e mattino si susseguivano senza intoppi.

Ripresi il mio lavoro senza affanno, guardando all'avvenire con fiducia e in armonia con quella terra che ritenevo cara. Naturalmente, ritenevo che l'esempio fornitomi da quel luogo, ricco di frutti e di messi, avrebbe influito positivamente sul mio operato. I filari di meli disseminati sui pendii promettevano per l'estate splendidi raccolti; mi figuravo i loro rami piegarsi sotto il ricco peso dei frutti. Da quell'abbondanza, da quell'ordine, da quelle colture ridenti, nasceva un insieme, armonioso, voluto, una bellezza ritmica, a un tempo umana e naturale, in cui non si sapeva più cosa ammirare, tanto erano fusi in un'intesa pressoché perfetta tra il prorompere della natura libera e lo sforzo sapiente dell'uomo per indirizzarla. Cosa varrebbe lo sforzo dell'uomo, mi domandavo, se non ci fosse una forza ferina da soggiogare? A cosa servirebbe lo slancio selvaggio di questa linfa prorompente se non ci fosse l'intelligenza che l'imbriglia e la guida gioiosamente a produrre con abbondanza? E così mi lasciavo andare a sognare terre in cui tutte le forze fossero così ben compensate e bilanciate, le energie controllate, tutti gli scambi così misurati, che il minimo dislivello sarebbe stato sensibile; poi, applicando all'esistenza questo mio sogno, costruivo un'etica che voleva essere una scienza dell'utilizzazione perfetta di sé tramite di costruzione intelligente.

Dove erano finite le mie inquietudini? Parevano non esserci mai state, tanto mi sentivo sereno. La piena del mio amore le aveva ricacciate tutte.

Intanto Bocage faceva sfoggio di tutto il suo zelo: dirigeva, sorvegliava, consigliava, lasciando trasparire fin troppo il suo bisogno di essere indispensabile. Per non contrariarlo, fummo costretti a esaminare i conti economici e ascoltare le sue spiegazioni. E non contento dovetti dargli la soddisfazione di accompagnarlo in visita ai poderi. La sua sentenziosa pedanteria, i suoi discorsi ripetuti, il suo palese compiacimento, lo sfoggio della sua onestà, dopo un po' di tempo mi tediarono – tanto che avrei fatto qualsiasi cosa per liberarmene – quando un evento inatteso dette un carattere diverso ai miei rapporti con lui: mi disse, infatti, che attendeva per il giorno seguente la venuta di suo figlio Charles.

Con finta indifferenza, dissi: "Ah, sì?"

In realtà fino ad allora non mi ero interessato al fatto che Bocage avesse o meno dei figli; ma visto che la mia indifferenza lo addolorava chiesi: "Fino ad oggi dove si trovava?"

"In una fattoria vicino Alencon", rispose, l'uomo.

"Adesso dovrebbe avere pressappoco...", dissi calcolando l'età del figlio, di cui ignoravo l'esistenza, parlando con sufficiente lentezza per dargli modo di rispondere.

"Diciassette anni finiti", intervenne Bocage, "aveva appena quattro anni quando vostra madre è deceduta... È un giovanotto adesso e presto ne saprà più di suo padre".

Stimolato l'uomo nonostante la mia palese stanchezza prese a discorrere a ruota libera.

Il giorno dopo non pensavo più a tutto ciò, quando a pomeriggio inoltrato Charles arrivò e venne subito a presentarsi a me e mia moglie. Era un bel tocco di ragazzo, pieno di salute, agile e così ben conformato da non apparire ridicolo nemmeno con i brutti abiti cittadini che aveva messo in nostro onore; la sua timidezza rendeva leggermente più evidente il colorito acceso che gli era naturale. Dimostrava una quindicina di anni a cagione del suo sguardo che aveva conservato una purezza infantile; si esprimeva con chiarezza, senza mai mostrare imbarazzo e, contrariamente al padre, non parlava a vanvera. Non ricordo più quali frasi ci scambiammo, tutto preso a osservarlo, non trovavo niente da dirgli. Lasciai che fosse Marceline a parlargli. Ma il giorno dopo, per la prima volta, non attesi che Bocage venisse a prendermi per condurmi alla fattoria, dove sapevo che erano iniziati i lavori.

Era necessario riparare una vasca grande come uno stagno, che perdeva; si sapeva già dove intervenire e si sarebbe intervenuti con il cemento. In primo luogo, bisognava svuotarla cosa che non accadeva da oltre un decennio. Vi si trovavano carpe e tinche in abbondanza, alcune particolarmente grosse che si tenevano costantemente nel fondale. Era mia intenzione farne trasferire un certo numero nelle acque dei fossati, per farle abituare al novo habitat e regalarne altre ai contadini; in questo modo era possibile unire all'impegno del lavoro il piacere di dedicarsi alla pesca, come prometteva l'insolita animazione di tutta la tenuta, erano venuti anche alcuni bambini dei dintorni a dare man forte ai lavoratori. Marceline ci avrebbe raggiunti più tardi.

Quando giunsi sul posto molta acqua era già stata drenata. Di quando in quando la superficie era percorsa da un grande fremito e si intravedeva il dorso scuro dei pesci in allarme. Nelle pozze che venivano a formarsi ai margini, sguazzavano alcuni bambini intenti a catturare pesciolini che poi gettavano in secchi pieni di acqua limpida. L'acqua della vasca, che l'agitazione dei pesci intorbidiva, si faceva sempre più scura. Vi si trovavano più pesci di quanti si immaginasse; quattro garzoni della fattoria ne tiravano su tuffando la mano a caso. Mi dispiaceva che mi moglie si facesse attendere e stavo per andare a cercarla quando alcune grida annunciarono le prime anguille. Non si riusciva a prenderle; scivolavano tra le dita. Charles, che fino a quel momento si era mantenuto a riva accanto al padre, non attese oltre e tolte prontamente calzature e calze, deposti giacca e panciotto e arrotolati in alto i calzoni e le maniche di camicia, entrò risoluto nel fango.

Subito l'imitai gridando: "Charles è stata una buona idea quella di tornare ieri, non trovi?"

Non mi rispose, ma preso dalla pesca, mi guardò ridendo. Un attimo dopo, lo chiamai per aiutarmi a isolare una grossa anguilla; tenevamo le mani unite nel tentativo di afferrarla. Poi, catturata quella, ci gettammo su un'altra, gli schizzi di fango ci sporcavano il viso, l'acqua ci arrivava fino alle cosce e in breve fummo tutti bagnati. Eravamo così presi dal divertimento che riuscivamo a malapena a scambiarci qualche parola; ma a fine giornata mi avvidi che mi rivolgevo al ragazzo dandogli del tu, più intimi che dopo una lunga conversazione. Marceline non si presentò, ma non rimpiangevo affatto la sua presenza; anzi, pensai che se si fosse presentata avrebbe offuscato la nostra gioia.

Il giorno successivo mi recai alla fattoria in cerca di Charles e ci avviamo insieme nella boscaglia. Io che conoscevo poco le mie terre e non mi preoccupavo di conoscerle meglio, fui molto stupito nel vedere che Charles le conosceva molto bene; altrettanto era la parte della ripartizione dei lotti in affitto. Mi informò di quanto io sapevo vagamente: del fatto che avevo sei fattori, che avrei potuto ricavare dagli affitti tra i sedici e i diciottomila franchi e che se ne ricavavo a stento la metà era perché quasi tutto il denaro se ne andava in riparazioni di ogni genere e nel pagamento di intermediari.

Alcuni sorrisetti che egli fece osservando le colture mi fecero capire che lo sfruttamento delle mie terre non era così ottimale come avevo creduto inizialmente e come mi aveva dato a intendere Bocage. Spinsi Charles a continuare su questo argomento e la sua intelligenza concreta, la stessa che mi esasperava in suo padre, in lui la trovavo divertente.

Intraprendemmo più volte queste passeggiate, la proprietà era vasta e quando avemmo esplorato ogni angolo ricominciammo da capo con metodo. Charles non mi nascose l'irritazione che lo assaliva alla vista di alcuni campi coltivati male, di pezzi lasciati incolti alla mercé delle erbacce; seppe farmi condividere il suo disprezzo per le terre abbandonate a sé stesse e il suo desiderio di organizzare meglio le colture.

"Se le terre sono sfruttate male la cosa di chi va a danno? Del fattore, non è vero? D'altra parte, il canone richiesto non varia e quindi anche la rendita rimane la stessa..."

Charles alterato rispose: "Lei non capisce granché in materia. Tiene conto solo del guadagno immediato e non del capitale che va deteriorandosi. Le terre che vengono coltivate male, con il tempo perdono di valore". "Se così fosse, terre coltivate in maniera ottimale dovrebbero rendere di più, mi chiedo perché il locatario le trascuri. Non dovrebbe essere suo interesse farle rendere di più?"

"Lei fa i conti senza considerare la manodopera. Queste terre a volte sono lontane dalle loro fattorie e farle coltivare renderebbe loro poco o niente, ma quantomeno non si rovinerebbero", e la conversazione s'infittiva.

Talvolta, mentre percorrevamo in lungo e largo le campagne, pareva ripetermi le stesse cose, io paziente ascoltavo e imparavo. Poi, un giorno, spazientito gli dissi: "Tutto questo dovrebbe essere compito di tuo padre, o sbaglio?"

Charles arrossendo, replicò. "Mio padre è anziano, ha già il suo bel da fare a controllare il rispetto delle disposizioni contrattuali, mantenere in buono stato gli edifici, riscuotere le locazioni. Il suo compito qui, non è quello di deliberare riforme".

"E tu quali riforme attueresti?", quando toccavo questo punto egli puntualmente si schermiva, diceva di non intendersene; ma quella volta dopo molte insistenze disse: "Toglierei ai fittavoli tutti gli appezzamenti che lasciano incolti, poiché se li lasciano in abbandono significa che hanno di più di quello che pagano e se invece pretendono di tenersi tutto bisognerà alzare il canone" e soggiunse: "In questa regione il contado si distingue per pigrizia".

Delle sei fattorie che avevo ereditato, quella in cui mi recavo con sommo piacere si trovava sulla collina che domina la Morinière e si chiamava la Valterie; il fattore che l'aveva in locazione era un tipo simpatico e cordiale: conversare con lui mi risultava piacevole. Più vicino alla Mornière c'era "la fattoria del Castello" per metà affittata secondo un sistema di mezzadria che lasciava Bocage, in assenza del proprietario, possessore di una parte del bestiame. Ora che era nata in me una certa sfiducia cominciavo a sospettare che l'onesto Bocage, se non mi imbrogliava, consentiva ad altri di farlo. È vero che mi venivano riservate una scuderia e una stalla, ma mi parve a breve che fossero lì per consentire al fattore di nutrire le sue mucche e i suoi cavalli con la mia avena e il mio fieno.

Fino a quel momento, avevo ascoltato pazientemente le più inverosimili notizie che Bocage di quando in quando mi informava: mortalità, malformazioni, malattie, credendo a ogni cosa. Era sufficiente che una delle vacche del fittabile si ammalasse e che una delle mie si trovasse in salute affinché cambiassero proprietario e la sana finisse al fattore e la malsana a me. Tuttavia, alcuni appunti imprudenti di Charles, alcune osservazioni personali cominciarono ad aprirmi gli occhi e una volta che la mia mente fu messa sull'avviso indagò per suo conto.

Marceline, informata da me, controllò scrupolosamente i libri contabili, ma non vi trovò anomalie: l'onestà di Bocage non pareva in discussione. Che fare, dunque? Lasciar perdere? Giammai e da quel momento, senza dare troppo nell'occhio, presi a sorvegliare il bestiame.

Possedevo quattro cavalli e dieci mucche, per cui c'era di che preoccuparsi. Tra i quattro cavalli ce n'era uno ancora chiamato "puledro" nonostante i suoi tre anni. In quel momento erano tutti impegnati a domarlo e io cominciai a interessarmi alla cosa, quando un giorno vennero a dirmi che era un cavallo intrattabile da cui non se ne sarebbe mai cavato niente e l'unica cosa saggia da fare era sbarazzarsene.

Temendo che io potessi dubitare lo avevano spinto a rompere la parte anteriore di una carrozzella, cosicché mi venne mostrato con i garretti insanguinati.

Quel giorno dovetti compiere un grande sforzo per mantenermi calmo e se vi riuscii fu grazie all'evidente imbarazzo di

Bocage. In fin dei conti, in lui c'era più debolezza che cattiva volontà: la vera colpa era dei servitori i quali agivano senza una vera guida.

Uscii in cortile per vedere l'animale. Un servitore che lo stava battendo appena vide che mi stavo avvicinando, prese ad accarezzarlo; io feci finta di non aver visto niente. Non m'intendevo di cavalli, ma quello mi sembrava particolarmente apprezzabile: si trattava di un mezzosangue baio chiaro dalle membra slanciate, l'occhio vivace e la criniera e la coda entrambe tendenti al biondo. Mi assicurai che non fosse ferito e, date disposizioni che gli medicassero le escoriazioni, senza aggiungere altro mi allontanai.

A sera quando incontrai Charles gli chiesi cosa pensasse del cavallo in questione:

"È un animale dolcissimo, ma i contadini non sanno trattarlo e finiranno col renderlo furioso".

"Tu come ti comporteresti con lui?"

"Avete la compiacenza di affidarmelo per otto giorni? Ne rispondo io".

"Cosa gli farai?"

"Vedrete".

Il giorno dopo Charles portò la bestia in un tratto di prato ombreggiato da uno splendido noce e circondato dal fiume; mi ci recai con Marceline. È uno dei miei ricordi più vivi. Charles aveva legato il puledro, con una lunga fune a un palo ben piantato nel terreno. Pare che il cavallo, particolarmente irritabile, avesse tentato di liberarsi strattonando a lungo con veemenza, finché calmatosi, aveva preso a girare intorno al palo; il suo trotto di una sorprendente elasticità, bello da guardare, pareva una danza.

Charles che si teneva in mezzo al cerchio evitando ad ogni giro la corda con un salto, lo incitava e lo calmava con la voce; teneva in mano una lunga frusta di cui non si serviva. Tutto nel suo aspetto e nei suoi gesti, in virtù della giovinezza e della gioia che a lui erano proprie, faceva apparire questo lavoro come l'immagine stessa del piacere. Improvvisamente, non so come, balzò in groppa all'animale; quello aveva rallentato il passo e infine si era fermato. Charles lo accarezzò un poco, quindi lo vidi cavalcarlo sicuro di sé, afferrarsi leggero alla criniera, ridendo, e chino seguitare ad accarezzarlo. L'animale aveva recalcitrato giusto un istante, poi aveva ripreso a trottare bello, armonioso, dinamico e io provai invidia per Charles.

Volli dirglielo e lui rispose: "Ancora qualche giorno di addestramento e la sella non gli risulterà più d'ingombro. Entro due settimane anche la signora potrà montarlo: sarà docile come un agnellino".

Diceva il vero; alcuni giorni dopo il cavallo non si ribellò più, e anche Marceline lo avrebbe montato se solo io glielo avessi permesso.

"Dovrebbe provarlo anche lei, signore", mi suggerì Charles. Da solo non me la sarei sentita ma lui fece sellare un altro cavallo e il piacere di accompagnarlo mi convinse.

Quanta riconoscenza provai per mia madre che mi aveva condotto al maneggio da bambino! Il lontano ricordo delle mie prime lezioni di equitazione mi tornò molto utile. Non mi sentivo a disagio una volta a cavallo. Il destriero montato dal ragazzo più pesante, non era di razza, ma lo si guardava con piacere; soprattutto, Charles lo conduceva ad arte. Prendemmo l'abitudine di uscire un poco ogni giorno; di preferenza partivamo il mattino di buonora, quando l'erba era ancora bagnata di rugiada; raggiungevamo il limitare della boscaglia; al nostro passare le fronde grondanti d'acqua ci bagnavano; poi, d'un tratto l'orizzonte si apriva sulla vasta vallata di Auge: in lontananza il mare. Ci fermavamo là per un attimo senza smontare; il solo nascente colorava, disperdeva la foschia; quindi, ripartivamo al trotto. Ci fermavamo a lungo alla fattoria; la giornata di lavoro era appena all'inizio e noi ci godevamo la soddisfazione di precedere i braccianti: facevo ritorno alla Morinière, quando Marceline si stava alzando.

Rientravo ubriaco d'aria salubre, stordito dalla corsa, con le membra intorpidite da una spossatezza voluttuosa, rinvigorito, fresco. Mia moglie incoraggiava queste mie stravaganze. Al rientro ancora vestito da cavallerizzo, portavo al suo letto, dove lei mi attendeva, un gradevole odore di foglie bagnate.

Restava ad ascoltarmi rapita mentre le descrivevo la nostra corsa, il risveglio dei campi, l'inizio della giornata di lavoro. Mi sembrava che le derivasse altrettanta gioia dal sentirmi vivere, come se a vivere fosse lei stessa. Sennonché ben presto abusai di questa sua felicità supposta; le nostre passeggiate divennero più lunghe e alcune volte non facevo ritorno che per l'ora del desinare.

Intanto facevo del mio meglio per dedicare la fine della giornata e la sera alla preparazione del corso che avrei dovuto tenere. Il lavoro procedeva; ero soddisfatto e pensavo che forse, in seguito, sarebbe valsa la pena di riunire le lezioni in volume. Come per una reazione naturale, mentre la mia vita si faceva più ordinata e io mi compiacevo di dare logica a tutte quelle cose e organizzarle, mi appassionavo viepiù all'etica barbara dei Goti e mentre nelle mie lezioni, con l'audacia che poi mi venne rimproverata, esaltavo la mancanza di cultura e ne tessevo l'apologia, mi applicavo con impegno a dominare tutto quello che poteva richiamarla me. Fino a che punto spinsi questa mia follia?

Due dei miei fittabili il cui contratto aveva termine a Natale, ansiosi di rinnovarlo, vennero a trovarmi; si trattava di siglare come è consuetudine, un documento chiamato "promessa di contratto". Rifacendomi ai consigli di Charles, deciso, li attendevo per far valere le ragioni.

Consci del fatto che non è facile sostituire un fittabile, essi chiesero a gran voce una diminuzione del canone. Lo stupore fu tanto maggiore quando lessi la lista di obblighi che avevo compilato per loro, in cui non solo riportavo che l'affitto rimaneva inalterato, ma che toglievo loro alcuni lotti di terreno lasciati incolti. D'acchito pensando a una burla, presero la cosa sul ridere. Cosa ne avrei fatto di quelle terre? Non valevano niente e se loro non le sfruttavano era perché non trovavano conveniente farlo...poi, capito che io facevo sul serio, s'impuntarono, ma io tenni duro. Minacciarono di andarsene credendo in questo modo di spaventarmi ma io, che non aspettavo altro, dissi: "Ebbene andatevene. Nessuno vi trattiene".

Infuriato, presi le promesse di contratto e le strappai davanti ai loro occhi. Rimasi così con cento ettari di terra tra le braccia.

Da tempo pensavo di affidarne la conduzione a Bocage, così indirettamente le avrei consegnate a Charles; per cui era mia intenzione occuparmene molto più io stesso; d'altra parte, non ci avevo riflettuto a lungo, tentato com'ero dal rischio dell'impresa. I fittavoli sarebbero partiti soltanto a Natale e questo mi dava tempo di ponderare la cosa. Avvisai Charles e il suo entusiasmo mi indispose; non riuscii a nasconderlo: compresi che era veramente troppo giovane. Il tempo incalzava; ci trovavamo in quel periodo dell'anno in cui i primi raccolti lasciano i campi liberi per l'aratura. Secondo gli usi, i lavori del fittavolo che se ne va e quelli del nuovo arrivato procedono di pari passo, dato che il vecchio locatario lascia la terra un lotto dopo l'altro man mano che raccoglie le messi.

Temevo che l'ostilità dei due fittavoli si tramutasse in vendetta, ma essi, invece, ci tennero a mostrare nei miei confronti un'assoluta cortesia, solo più avanti mi avvidi dei privilegi che ne traevano. Ne approfittai per correre al mattino e alla sera su quelle terre che ben presto mi sarebbero state restituite. L'autunno avanzava e fu necessario assumere un maggior numero di manodopera per affrettare i lavori di aratura e di semina: avevo acquistato erpici, rulli, aratri; giravo a cavallo, sorvegliando, dirigendo i lavori, trovando piacere nel dispensare ordini.

Nel frattempo, nei prati vicini, i locatari raccoglievano le mele, le quali cadevano nell'erba alta, copiose come mai prima: gli uomini non bastavano; ne venivano dai villaggi più prossimi assunti per il tempo limitato della raccolta; Charles e io di quando in quando accorrevamo in loro aiuto. Alcuni, scuotevano i rami per farne cadere i frutti, a parte venivano raccolti quelli caduti spontaneamente perché troppo maturi, spesso ammaccati o calpestati inavvertitamente dai raccoglitori. L'odore che saliva dall'erba, acre e dolciastra, si mescolava a quello dell'aratura.

L'autunno imperversava. Le mattine degli ultimi giorni di bella stagione sono le più fresche e limpide. Tuttavia, l'aria colma di vapori rendeva azzurre le distanze, le faceva apparire ancora più lontane, mutava una semplice passeggiata in un viaggio, rendeva il paesaggio sempre più vasto; a volte invece l'insolita trasparenza dell'aria faceva gli orizzonti vicini dando l'impressione di poterli raggiunge con un colpo d'ala; e non so quale delle due atmosfere ispirasse maggior languore.

Il mio lavoro era terminato, almeno questo mi suggerivo per prendermi la libertà di trascurarlo un poco. Il tempo che non trascorrevo nei campi lo passavo a fianco di mia moglie. Uscivamo insieme in giardino, camminavamo lentamente; lei si appoggiava languidamente al mio braccio e andavamo a sederci su una panca da dove si dominava la vallata. Lei si appoggiava alla mia spalla con tenerezza e restavamo così fino al tramonto.

Sulla sua fronte traspariva l'emozione di un'acqua cheta e a ogni soffio di vento lei sentiva fremere entro di sé una nuova vita. Io mi chinavo su di lei come una profonda acqua pura, nella quale, per quanto lontano si guardi ciò che si vede è soltanto amore. Se quella fosse stata la felicità, io avrei voluto trattenerla, allo stesso modo in cui si può trattenere nelle proprie mani, vanamente, l'acqua che scorre; ma già sentivo, accanto alla felicità, qualcosa che alla felicità non somigliava; e questa anche se conferiva colore al mio amore era come l'autunno tinteggia le cose.

Man mano che l'autunno giungeva a maturazione, l'erba ogni mattina si faceva viepiù fradicia e difficilmente andava asciugandosi: al comparire dell'alba, si presentava tutta mantata di bianco. Le anatre nei fossati sbattevano le ali con veemenza, qua e là le si vedevano sollevarsi, lanciare stridule grida, schiamazzare in volo intorno alla Morinière. Poi, un mattino sparirono di colpo: Bocage le aveva rinchiuse. Charles mi disse che era solito farlo nel periodo di migrazione. Qualche giorno a seguire, le temperature ebbero un drastico mutamento. Accadde improvvisamente una sera, con un vento insistente proveniente dal mare che portava con sé l'aria gelida del nord. Le condizioni di Marceline, il dover provvedere a una nuova sistemazione, le preoccupazioni per il mio corso di lezioni ci richiamavano in città e così, la brutta stagione arrivata in anticipo ci spinse ad affrettare la partenza.

I lavori alla fattoria, è indubbio, mi avrebbero ricondotto in campagna a novembre.

Bocage mi comunicò le sue disposizioni per l'inverno, restai molto contrariato: mi disse, infatti, che avrebbe insistito affinché Charles facesse ritorno alla fattoria modello, dove, a suo dire, aveva ancora molto da imparare; parlai a lungo, usai tutti gli argomenti di persuasione possibili, ma non riuscii a farlo recedere dai suoi propositi. Ottenni solo di fargli abbreviare un poco gli studi per consentirgli di far ritorno prima del previsto. Bocage non mi nascose che tenere in piedi le due fattorie sarebbe stato un compito arduo, ma mi disse pure che aveva un paio di contadini fidati i quali contava di prendere alle sue dipendenze; avrebbero assolto grossomodo alle funzioni di mezzadri e servitori; la cosa era fin troppo insolita nella regione per poter contare su grandi risultati, ma ci tenne a specificare che io avevo voluto così. Questa conversazione si svolse alla fine di ottobre. I primi di novembre io e mia moglie facemmo ritorno a Parigi.

II

Prendemmo casa in via S*****, vicino a Pussy. L'appartamento che uno dei fratelli di Marceline ci aveva trovato e che avevamo avuto occasione di visitare durante la nostra ultima sosta a Parigi era molto più grande di quello che mi aveva lasciato mio padre e mia moglie ebbe a preoccuparsi non poco del canone di locazione più elevato, e per tutte le spese a cui andavamo incontro.

Ai timori di Marceline rispondevo mostrando disgusto per il provvisorio; mi sforzavo io stesso di crederci e di proposito lo accettavo. Le spese quell'anno sarebbero state certamente superiori alle nostre entrate; ma la solidità economica di per sé notevole era destinata ad accrescersi ancora, per questo facevo affidamento sul mio corso, sulla pubblicazione di un eventuale volume e anche (pura follia...) sulle rendite derivanti dalle mie fattorie. Ragione per cui non esitai di fronte ad alcuna spesa, suggerendomi che se aumentavano era un modo per obbligarmi alla stabilità e allo stesso tempo di reprimere qualsiasi desiderio di vagabondare che sentissi crescere in me.

Passammo i primi giorni da mattino a sera impegnati negli acquisti e, nonostante il fratello di mia moglie cortesemente ci offrisse il suo aiuto, Marceline dopo breve accusò la fatica. Inoltre, invece di concedersi il riposo che le sarebbe stato necessario nelle sue condizioni, appena sistemata ogni cosa dovette ricevere frequenti visite, le quali, poiché eravamo stati tanto a lungo lontani, si susseguivano senza posa, senza che mia moglie sapesse come procrastinarle o respingerle.

Ogni sera la trovavo stremata, ma senza preoccuparmi troppo di una spossatezza che ritenevo naturale, mi prodigai per alleggerire il carico dei suoi impegni, facendone le veci durante le visite, cosa che non mi divertiva affatto e talvolta persino restituendole, cosa che gradivo ancora meno.

Non ero mai stato un animale da compagnia; la frivolezza dei salotti, dei discorsi brillanti erano cose lontane da me; certo, un tempo li avevo frequentati, ma erano trascorsi anni ormai...

Cosa era cambiato da allora? In compagnia della gente mi annoiavo, divenivo monotono, triste, insolente, tediavo gli altri e parimenti me stesso. Per una sfortunata coincidenza, voi, che consideravo i miei unici amici, non eravate a Parigi all'epoca e non vi sareste tornati per lungo tempo. Avrei potuto interloquire meglio con voi? Mi avreste compreso meglio di quanto io potessi fare da solo? Ma di tutto quanto andava crescendo in me e di cui oggi vi informo, cosa ne sapevo ancora? L'avvenire mi appariva certo e mai mi era sembrato di poterlo dominare meglio. E quand'anche mi fossi mostrato più perspicace, quale aiuto contro me medesimo potevo trovare in Hubert, Didier, Maurice e tanti altri che voi conoscete e giudicate di par mio? Non ci volle molto affinché mi avvedessi dell'impossibilità di farmi comprendere da loro. Fin dalle nostre prime conversazioni mi trovai costretto a recitare una parte per cercare di somigliare quanto più possibile a quello che credevano che io ancora fossi, con il timore costante di apparire ipocrita; e per maggiore comodità finsi di avere pensieri e gusti che essi mi riconoscevano. Non si può allo stesso tempo essere sinceri e apparire tali.

Rividi con maggiore piacere i miei colleghi, archeologi e filologi, ma anche interloquendo con loro non provai piacere ed emozioni maggiori che nel consultare un buon volume di storia. In principio sperai di trovare comprensione più sincera in alcuni romanzieri e poeti; ma quelli se l'avevano, non la mostravano quasi mai; ebbi l'impressione che la maggior parte di loro non vivesse affatto e poco mancava che considerassero la vita un fastidioso impedimento alla scrittura. Non potevo certo rimproverarli per questo come pure non posso negare che l'errore venisse da me... D'altra parte cosa intendevo per "vivere"? Giusto questo avrei avuto piacere mi venisse insegnato. Gli uni e gli altri discutevano con disinvoltura dei vari avvenimenti dell'esistenza, ma mai la loro derivazione.

Quanto ai filosofi, il cui compito sarebbe stato di informarmi in merito a queste faccende, sapevo da tempo quanto ci si poteva aspettare da loro; matematici e neocritici, si tenevano quanto più lontano possibile dalla realtà e non se ne occupavano più di quanto gli studiosi di algebra non si interessino dell'esistenza delle quantità che misurano.

Non nascondevo a mia moglie il tedio procuratemi da questi incontri. "Si somigliano tutti", le dicevo, "quando parlo con uno di loro mi sembra di dialogare con uno qualsiasi degli altri".

"Ma, mio caro", rispondeva Marceline, "non puoi pretendere che siano tutti diversi gli uni dagli altri".

"Più si somigliano tra loro e tanto più sono lontani da me", e continuavo tristemente: "Nessuno di essi ha saputo di essere malato. Danno l'impressione di vivere ignorando di essere vivi. D'altra parte, anch'io da quando mi trovo a stretto contatto con loro non vivo più. Oggi, per esempio, come tutti gli altri giorni, cosa ho fatto? Ho dovuto lasciarti alle nove: prima di andare ho avuto appena il tempo di leggere un po'; quello è il solo momento gradevole della giornata. Tuo fratello mi aspettava dal notaio e subito dopo mi sono recato con lui dal tappezziere; quindi, dall'ebanista e non ho potuto liberarmene che da Gaston; ho fatto colazione nel quartiere con Philippe, poi ho incontrato Louis con il quale ho preso un caffè; ho assistito all'assurda lezione di Theodore, con il quale mi sono complimentato, ma ho rifiutato il suo invito per domenica, mentre lo accompagnavo da Arthur. Con questi mi sono recato a una mostra di acquarelli; sono passato da Albertine e Julie a cui ho lasciato dei carteggi. Faccio ritorno a casa sfinito, dove, dopo la visita di Adeline, Jeanne, Marthe e Sophie, ti trovo stanca come me. E quando, come adesso, a sera, passo in rassegna tutte le occupazioni della giornata, sento che è stata così inutile e vuota, che vorrei ripercorrerla da capo; e mi salgono le lacrime agli occhi".

Ciononostante, non avrei saputo né ciò che intendevo per vivere, né se l'aver assaporato una vita più aperta e libera, meno costretta e dipendente da altri, non fosse la ragione della mia insofferenza; il reale motivo mi appariva più misterioso: era l'essere risuscitato, pensavo, lo scoprirmi forestiero in mezzo agli altri, come uno di ritorno dal regno dei morti. In principio ne ricavai solo un doloroso smarrimento, ma ben presto nacque in me un sentimento inesplorato. Non avevo provato nessun orgoglio al momento della pubblicazione dei miei lavori, che pure aveva suscitato in altri entusiasmo. Si trattava di orgoglio, adesso? Forse, ma senza l'ombra di vanità. Era, per la prima volta, la presa di coscienza del mio valore; ciò che mi distingueva dagli altri, aveva rilevanza; in quello che nessun altro diceva o poteva dire, stava la misura di quello che ero tenuto ad esprimere.

Cominciai le lezioni di lì a poco; trascinato dall'argomento arricchii la prima di esse con tutta la mia rinnovata passione. Parlando dell'estrema civiltà latina, tinteggiavo la cultura artistica quale fenomeno che viene dal popolo, simile a una secrezione, che dapprima è indicatore di ricchezza salute, che subito si indurisce, rinsecchisce, si oppone a ogni vero contatto con lo spirito della natura, cela sotto la parvenza della vita, l'affievolirsi della stessa, e formata una guaina in cui l'anima langue, subito vacilla, muore. Infine, spingendo all'estremo il mio pensiero, sostenevo che la cultura, pur nascendo dalla vita, tende a ucciderla.

Gli storici mi rimproverarono quella che sostenevano essere una tendenza a generalizzazioni frettolose. Altri criticarono il mio metodo e, alla fine, quanti si congratularono con me furono coloro che mi avevano compreso di meno.

꩜

Alla fine della lezione, rividi dopo tanto tempo Menalque. Non avevo mai troppo cercato la sua compagnia e, poco tempo prima delle mie nozze, era partito per una di quelle esplorazioni che lo tenevano lontano da Parigi spesso anche più di un anno. Un tempo non gradivo la sua compagnia: lo trovavo superbo e non interessato alla mia vita. Così rimasi stupito di trovarlo alla mia lezione d'esordio. La sua insolenza, che in precedenza mi aveva spinto a prendere le distanze da lui, ora mi risultò gradita e anche il sorriso che mi rivolse, perché sapevo che era cosa non frequente.

Nell'ultimo periodo un assurdo, scandaloso, processo mediatico era stato intentato da molti giornali nel tentativo di guastargli la reputazione; quanti si sentivano offesi dal suo atteggiamento di sprezzante superiorità colsero subito il pretesto per consumare la loro tanto attesa vendetta e quello che li indisponeva maggiormente era il fatto che lui pareva restare indifferente a ogni parola offensiva e agli attacchi replicava con un semplice: "Bisogna lasciare che gli altri abbiano ragione, perché ciò li consola del fatto di non avere nient'altro".

Ma la "buona società", si risentì e le "persone rispettabili", ritennero opportuno voltargli le spalle per ripagarlo di tana arroganza. Fu questo motivo che me lo fece sentire amico; spinto verso di lui da un'attrazione inspiegabile, lo abbracciai pubblicamente in presenza di tutti. Vedendomi, gli ultimi importuni si allontanarono e restai solo con Menalque.

Dopo tutte quelle critiche e quei complimenti goffi, le sue poche frasi mi rasserenarono.

"Lei brucia quello che ama di più", disse. "È una cosa buona. Lei ci arriva tardi, ma proprio per questo la fiamma è stimolata. Non so se la capisco a fondo e questo mi incuriosisce. Non amo discutere ma vorrei parlarne con lei. Perché non pranza con me stasera?"

"Caro Menalque, mi sembra che dimentichi che ho una moglie".

"Vero, ma la cordiale franchezza con la quale si è rivolto a me, mi ha fatto credere che foste più libero". Temendo di ferirlo e ancora più di apparire debole, gli dissi che l'avrei raggiunto dopo pranzo.

❧

A Parigi, dove era sempre di passaggio, Menalque soggiornava in albergo, dove si era fatto sistemare delle stanze in modo che andassero a formare un appartamento. Aveva lì i suoi domestici, mangiava per conto suo, viveva per conto suo, aveva ricoperto le pareti e la mobilia, la cui bruttezza lo disturbava, con stoffe portate dal Nepal che diceva di finire di sporcare per poi poterle donare a un museo. La mia fretta nel raggiungerlo era stata tanto celere che entrando, lo trovai ancora a tavola. E poiché mi scusai di aver interrotto il suo pranzo, disse: "Non intendo interromperlo, sono certo che non avrà niente in contrario se finisco di mangiare. Se lei avesse accettato il mio invito le avrei offerto dello Shiraz,[18] il vino cantato da Hafez,[19] ma ormai... d'altronde, bisogna essere digiuni per apprezzarlo appieno; posso offrirle dei liquori?" Accettai pensando che anche lui ne avrebbe presi e, vedendo che fu portato un solo bicchiere, mi stupii: "Mi scusi", disse, "ma non sono troppo avvezzo al bere".

"Teme di ubriacarsi?"

"Tutt'altro. Considero la sobrietà un'ebrezza assai maggiore perché in essa mi mantengo lucido".

"E tuttavia, offrite da bere agli altri".

Sorrise e soggiunse: "Non posso pretendere che il prossimo abbia le mie stesse virtù. Mi accontento di trovare in altri i miei vizi".

"Fumerà, almeno..."

"No, è un'ebbrezza impersonale, negativa e troppo a buon mercato. Io cerco nell'ebbrezza l'esaltazione, non l'attenuazione della vita. Ma lasciamo stare. Sa da dove vengo? Da Biskra. Venuto a conoscenza che anche lei è stato lì ho voluto ritrovare le sue tracce. Cos'era venuto fare a Biskra quell'erudito che non aveva interesse che delle proprie carte? Ho l'abitudine di essere discreto solo per ciò che mi venga confidato; per quanto vengo a scoprire per mio conto la mia curiosità non conosce limiti. Per questo ho cercato, frugato fin dove ho potuto, ispirato dal desiderio di rivederla; invece, dello studioso solerte che vedevo in lei un tempo, adesso so che posso trovarvi... sta a lei dirmi cosa".

---

18 Ndt. Lo Shiraz, o Syrah, è un varietà coltivata di vite a bacca nera diffusa in tutto il mondo, che dà un vino di colore rosso rubino dalle sfumature violacee. Attorno a questo vitigno e alle sue origini sono sorte molte leggende, sebbene adesso si concordi che l'origine sia da individuare nelle zone dell'antica Persia (attuale Iran), presso la città di Shiraz, da cui il nome.

19 Ndt. Hafez è stato un mistico e poeta persiano del IV secolo, originario proprio di Shiraz. È autore del celebre classico della letteratura persiana *Il canzoniere (Divan)*.

Mi sentii avvampare le gote.

"Cosa è venuto a sapere di me, Menalque?"

"Vuole saperlo? Ma non tema! Conosce abbastanza i suoi amici e i miei per essere certo che non posso parlare di lei con alcuno. Si è avvisto di quanto capiscano le sue lezioni!"

"Niente mi dà ancora la certezza che io possa parlare con lei meglio che con altri. Ebbene cosa ha scoperto sul mio conto?"

"Innanzitutto che lei è stato malato".

"In questo non c'è niente di compromettente..."

"E invece è molto importante. Quindi mi è stato riferito che usciva sovente da solo oppure preferibilmente con giovinetti e raramente con sua moglie. Non arrossisca, altrimenti, mi fermo".

"Continui senza guardarmi".

"Uno dei ragazzi, si chiamava Moktir, se ben ricordo, bello come pochi, ladro e imbroglione come nessuno. Comprai la sua fiducia, cosa che come ben sa non è facile perché credo che mentisse anche quando sosteneva a gran voce il contrario... quello che mi ha raccontato su di lei... mi dica se corrisponde al vero".

Menalque, alzatosi, aveva tirato fuori da un cassetto una scatola che aprì.

"Queste appartenevano a lei?", chiese, tendendomi un oggetto arrugginito, storto in cui riconobbi le forbici che Moktir mi aveva sottratto.

"Sì, erano di mia moglie".

"Ha sostenuto di averle prese mentre lei gli voltava le spalle, un giorno in cui eravate soli in camera, ma la cosa più importante è un'altra: si era accorto che lei lo spiava, lei si era accorto di quel piccolo furto e non ha detto niente. Il ragazzo se ne è dichiarato sorpreso... e io pure".

"Anch'io lo sono per quanto mi va raccontando: come sapeva che l'avevo sorpreso?". "La cosa rilevante è un'altra: lei giocava d'astuzia; ma in questo genere di gioco i ragazzi ci battono sempre. Pensava di tenerlo in pugno ma era lui a tenere pugno lei. Ma la cosa importante è ancora un'altra... mi spiega il perché del suo silenzio".

"Vorrei tanto mi venisse spiegato".

Ammutolimmo entrambi. Menalque, che attraversava la stanza a grandi passi, accese una sigaretta, che subito gettò e disse: "Trovo in tutto questo un senso che pare sfuggirle, caro Michel",

"Il senso morale?", replicai sforzandomi di sorridere.

"No, solo quello della proprietà".

"Non mi pare che neppure lei ne abbia molto".

"Ne ho talmente poco, come ben può vedere, che qui non c'è niente di mio; neppure il letto in cui dormo lo è. Ho orrore del riposo, e il possedere qualcosa lo favorisce; nella sicurezza ci si addormenta; mi piace sì tanto vivere da avere la pretesa di mantenermi sveglio e anche in mezzo all'opulenza, mantengo questa sensazione di precarietà con la quale esaspero o almeno esalto l'esistenza, perlomeno la mia. Non posso asserire di essere un amante del pericolo; ma mi piace una quotidianità di rischi e voglio che questa esiga da me, a ogni istante, quale tributo, tutto il mio coraggio, la mia felicità, la mia salute".

"Allora cosa mi rimprovera?", lo interruppi.

"Oh, quanto poco mi capisce, mio caro; per una volta che faccio l'azzardo di esprimere quello in cui credo!... Michel se mi preoccupo poco dell'approvazione o della disapprovazione degli uomini non è certo per approvare o disapprovare a mia volta: queste parole non hanno per me grande significato. Ho parlato fin troppo di me, ma mi premeva di essere compreso. Volevo semplicemente dirle che, per uno che non ha il senso della proprietà, lei dà l'impressione di possedere molto e questo è grave".

"In che senso possiedo tanto?"

"Oh, niente se la prende in questo modo...Ma non ha iniziato il suo corso di lezioni? Non ha delle proprietà in Normandia? Non si è stabilito a Passy in una casa lussuosa? Non è sposato? E sua moglie non è in attesa di un figlio?"

"Ebbene", risposi spazientito, "tutto questo prova che ho saputo costruirmi una vita più 'pericolosa' della sua".

"Sì", disse con ironia Manalque.

Poi, voltatosi di scatto e tendendomi la mano: "Allora, addio;

questo è abbastanza per oggi, non potremmo fare di più. Arrivederci, a presto". Per un po' di tempo non lo rividi.

Si susseguirono nuovi impegni e nuove preoccupazioni che mi tennero occupato; uno studioso italiano mi segnalò alcuni documenti da lui pubblicati di cui mi servii nelle mie lezioni. Quando mi avvidi che la prima lezione non era stata capita spiegai i concetti base con maggiore chiarezza; cosa che mi spinse a dare un aspetto sistematico a quanto in un primo tempo avevo esposto come un'ipotesi ingegnosa. Coloro che riescono a esporre le proprie idee devono la loro forza nel non essere stati compresi intuitivamente fin dal principio!

Quanto a me, in verità, non so quanta parte abbia avuto l'ostinazione che venne a unirsi al naturale desiderio di affermazione. Quello che avevo di nuovo da dire mi parve tanto più urgente quanto con più difficoltà riuscivo ad esprimerlo e soprattutto a farlo intendere. Ma, ahimè, quanto le parole si rivelavano insignificanti, in confronto ai fatti! Il più piccolo gesto di Menalque non era forse mille volte più significativo delle mie lezioni? Ah, come compresi bene, da quel momento, che l'insegnamento morale dei grandi filosofi antichi si era manifestato più con gli esempi che con le parole!

Rividi Menalque in casa mia tre settimane dopo quel nostro primo incontro, alla fine di una affollata riunione. Per evitare uno scompiglio quotidiano, Marceline e io ricevevamo tutti i visitatori ogni giovedì sera, così gli altri giorni potevamo godere della nostra intima tranquillità. Ragione per cui ogni giovedì quanti si riconoscevano nostri amici venivano da noi; i nostri salotti erano talmente ampi che ci permettevano di ammetterli in gran numero e la riunione, a volte, si prolungava fino a tarda notte.

Penso che fossero attirati soprattutto dall'incantevole grazia di mia moglie e dal piacere di conversare tra loro; quanto a me, dal secondo appuntamento non vi trovai più niente di mio interesse e non potei fare altro che dissimulare la mia noia come meglio potevo. Mi muovevo dal *fumoir* al salotto, dall'anticamera alla biblioteca, trattenuto a volte da una frase, senza soffermarmi troppo su niente e su nessuno.

Antoine, Godefroy ed Etienne, sprofondati in soffici poltrone, discutevano sull'ultimo voto della Camera. Hubert e Louis maneggiavano distrattamente, sgualcendole, alcune acqueforti della collezione appartenuta a mio padre.

Nel *fumoir* Mathias, per ascoltare meglio Leonard, aveva appoggiato il sigaro sul bordo di un tavolo dal legno pregiato. Un bicchiere di curaçao giaceva riverso su un tappeto. I piedi infangati di Albert, il quale se ne stava disteso sul divano, ne inzaccheravano la copertura. E la polvere che si respirava era derivante dal deteriorarsi delle cose... Fui assalito dal desiderio di buttare fuori tutti quanti. Mobili, stoffe, stampe macchiati perdevano per me ogni valore; divenivano ai miei occhi oggetti colpiti dalla malattia e contaminati dalla morte. Avrei voluto proteggere tutto, mettere ogni cosa sottochiave solo per me. Quanto era felice Menalque, mi dissi, che non possedeva niente! Io soffro perché voglio conservare le cose. In fondo cosa mi importa di tutto quanto?

In un salottino lasciato in ombra, al di là di una porta di cristallo dove si accoglievano gli amici più intimi, Marceline stava sdraiata su alcuni cuscini: la trovai terribilmente pallida e stanca, tanto che mi ripromisi che quel ricevimento sarebbe stato l'ultimo. Era già tardi. Stavo andando a sincerarmi dell'ora quando sentii nelle tasche del panciotto le forbici di Moktir.

"Perché le aveva rubate, quel furfantello, se poi le aveva distrutte?" In quel momento sentii battermi sulla spalla; mi voltai di colpo: si trattava di Menalque.

Era uno dei pochi in abito da sera: mi pregò di presentarlo a mia moglie. Cosa che non avrei fatto se fosse dipeso da me. Menalque era elegante, quasi bello. Aveva lunghi baffi cadenti, già ingrigiti, che risaltavano sul suo volto da bucaniere, la luce fredda del suo sguardo trasmetteva più coraggio e decisione che non bontà. Appena fu davanti a mia moglie, compresi che non le piaceva e dopo che ebbe scambiato con lei alcune frasi di convenienza lo trascinai nel *fumoir*.

Quella mattina stessa ero venuto a conoscenza del nuovo incarico che gli era stato affidato dal Ministero delle Colonie; alcuni quotidiani, a tal fine, ricordando la sua avventurosa carriera, parevano dimenticare i loro volgari insulti di pochi giorni prima e ricorrevano ai termini più squisiti per elogiarlo.

Facevano a gara a esaltare i servigi da lui resi alla nazione e all'umanità intera con le scoperte derivanti dalle sue esplorazioni; come le imprese avessero avuto solo scopi umanitari: essi esaltavano la sua abnegazione, dedizione, coraggio, come se avesse dovuto trovare in quegli elogi una compensazione.

Stavo per congratularmi con lui, quando mi anticipò: "Ma come! Lei non mi ha mai insultato. Lasci ai giornali queste sciocchezze. Sembrano stupiti oggi che un uomo di costumi criticati possa vantare qualche virtù. Non so fare in me le distinzioni e le riserve che essi pretendono di stabilire e non esisto se non come intero. Non aspiro ad alcuna cosa che non sia naturale, per ogni azione, il piacere che ne traggo dalla misura di quanto andava compiuta".

"La qual cosa può portare molto in là", osservai.

"È quello che voglio", rispose Menalque. "Ah, se tutti coloro che mi gravitano intorno potessero persuadersi di questo! Ma i più pensano di poter ottenere vantaggi da sé stessi solo tenendosi sotto costrizione; si accettano solo se contraffatti. Ognuno desidera somigliare il meno possibile a quello che è; ognuno si costruisce un modello da imitare. Si dovrebbero cercare altre cose nell'uomo io credo. Ma non si ha l'ardire di farlo. Non osiamo voltare pagina. Io le chiamo leggi dell'imitazione, della paura. Io ho sdegno di questa agorafobia morale che è peggio della viltà. È da solo che l'uomo deve crearsi la sua vita. Ma che si prova ad agire in tal senso? Quello che sentiamo noi di diverso è la parte più preziosa, quella che determina il valore di ciascuno, e ciononostante si tende a sopprimerla. Si ricorre all'imitazione, pretendendo in tal modo di amare la vita".

Lasciavo che Menalque si esprimesse: le sue parole rispecchiavano quanto un mese prima avevo detto a Marceline. Avrei dovuto concordare con lui e tuttavia, colto da improvvisa vigliaccheria, lo interruppi e ripetei parola per parola, a imitazione di mia moglie, la frase con la quale lei mi aveva allora interrotto: "Ma lei non può pretendere, caro Menalque, che ognuno sia diverso da tutti gli altri".

Menalque si zittì e mi guardò stranito e poiché Eusèbe si stava avvicinando per salutarmi, mi volse bruscamente le spalle e andò a conversare con Hector. Avevo appena pronunciato quella frase che mi parve una sciocchezza e fui rammaricato dal fatto che Menalque potesse pensare che io mi fossi sentito offeso dalle sue parole. Vista l'ora tarda molti dei presenti se ne andavano. Quando il salotto fu quasi vuoto, Menalque rivolgendosi a me, disse: "Non posso lasciarla così. Ho certamente equivocato le sue parole. Mi consenta almeno di sperarlo".

"No", dissi. "Non le ha interpretate male, ma erano insensate; le avevo appena pronunciate quando mi sono avvisto con dispiacere di quanto fossero insulse ma soprattutto mi facevano apparire di fronte a lei come coloro ai quali faceva il processo poc'anzi e sono altrettanto odiosi a me, glielo assicuro. Disprezzo le persone che vivono soltanto in base a principi".

"Sono quanto di più detestabile si possa trovare a questo mondo", sentenziò lui, ridendo. "Da loro non ci si può aspettare alcuna forma di sincerità; perché fanno solo quello che i principi chiedono loro, o in caso contrario, considerano nefandezze ciò che hanno fatto. Al solo pensiero che lei poteva essere uno di loro ho sentito le parole ricadermi in gola. Il forte dispiacere che ho provato, mi ha mostrato quanto il mio affetto per lei sia grande; ho sperato di essermi ingannato, non nel mio affetto, ma nel mio giudizio". "Effettivamente, la sua valutazione era errata".

"Veramente?", mi disse prendendomi per mano. "Senta, devo partire presto, ma vorrei vederla ancora. Questo mio nuovo viaggio sarà più lungo e pericoloso dei precedenti: non so quando farò ritorno. Partirò fra due settimane, mantenga il più stretto riserbo; nessuno ne è al corrente tranne lei. Partirò alle prime luci dell'alba: la notte di vigilia ogni volta è per me terribile. Mi dimostri che lei non è un uomo attaccato ai principi; posso contare sulla promessa di passare quell'ultima notte insieme a lei?".

"Ci vedremo, prima", gli dissi un po' sorpreso.

"No, nelle prossime due settimane sarò fuori Parigi. Domani mi recherò a Budapest e la settimana successiva a Roma: devo abbracciare alcuni cari amici che risiedono in quelle città. Un ulteriore mi attende a Madrid". "È deciso allora, passerò la notte di vigilia con lei".

"E berremo vino Shiraz", concluse Menalque.

❧

Trascorsi alcuni giorni dopo quella serata, mia moglie cominciò a stare poco bene. Ho già detto che spesso era stanca, ma poiché non si lamentava mai, io legavo il suo malessere, come naturale, alle condizioni in cui versava. Un vecchio medico dimostratosi un incapace, ci aveva da subito rassicurati. Ma il comparire di nuovi disturbi, accompagnati da febbre, mi persuasero a rivolgermi al dottor Tr*****, all'epoca uno specialista di fama. Egli si stupì che non lo avessi chiamato prima e prescrisse un regime severo che Marceline avrebbe dovuto seguire da tempo. Ella, sopravvalutate le proprie forze, si era molto affaccendata e adesso doveva restare a letto fino al momento del parto, previsto per la fine di gennaio; preoccupata e sofferente più di quanto volle ammettere, accettò ogni limitazione con rassegnazione religiosa, la quale tuttavia valse a fiaccare la volontà che l'aveva sostenuta fino ad allora: e la sua salute peggiorò rapidamente.

Le riservai maggiori cure, cercai di tranquillizzarla ripetendo le parole del dottor Tr*****, che non aveva riscontrato niente insolito o grave, ma i suoi timori crebbero a tal punto che mi spaventai anch'io. Ah, a quali rischi era esposta la nostra felicità, che ora si fondava solo sulla speranza e su un avvenire incerto! Io, che in un primo momento trovavo piacere nel passato, fui inebriato dalla scoperta dell'istante, ma il futuro, mi dissi, sottrae incanto al presente più di quanto questi ne tolga al passato; e dopo la nostra notte di Sorrento, tutto il mio amore, la mia vita si proiettavano nell'avvenire.

Giunse la sera che avevo promesso a Menalque di trascorrere in sua compagnia e nonostante la preoccupazione di lasciare sola tutta la notte mia moglie, cercai di farle capire l'importanza di quell'appuntamento e la parola data. Marceline stava un po' meglio ma io ero ugualmente inquieto; allora chiamai un'infermiera che prese il mio posto accanto a lei. Ma appena fui in strada la preoccupazione si fece in me più opprimente, la combattei, irritandomi con me stesso di non sapermene liberare.

Arrivai così da Menalque in uno stato di grande agitazione, di esaltazione, assai diversa eppure simile al tormento da cui mi derivava e tuttavia era quanto di più simile a uno stato di felicità. Camminavo di fretta nel buio; cominciò a nevicare; contento di respirare finalmente aria più viva, di lottare contro il freddo, contro il vento, godevo nel misurare le mie energie.

Menalque, sentendomi arrivare, si sporse sul pianerottolo. Prese il mio cappotto imponendomi di togliere gli stivali bagnati e calzare un paio di morbide pantofole persiane. Su un tavolo da fumo accanto al fuoco erano disposti dei dolci. Due lampade illuminavano la stanza, ma il fuoco del camino la rischiarava di più. Menalque mi chiese subito delle condizioni di mia moglie e io, per tagliar corto, dissi che stava bene.

"Quando nascerà il bambino?", chiese.

"Tra due mesi".

Menalque si piegò verso il fuoco in maniera tale che pareva voler nascondere il viso. Taceva e rimase silenzioso tanto a lungo che imbarazzato mi alzai, mossi qualche passo e poi, avvicinandomi a lui, gli posai una mano sulla spalla.

Egli mormorò: "È necessario scegliere, sapere ciò che si desidera".

"Lei non vuole forse partire?", dissi, incerto sul significato da dare alle sue parole.

"Così pare".

"Perché esita?"

"A quale scopo? Lei ha una moglie e in figlio, è giusto che resti. Dei mille modi possibili di vita, ognuno di noi può conoscerne uno soltanto. Invidiare la felicità altrui è follia, giacché non si saprebbe cosa farne. La felicità non si può averla bell'e pronta, va cucita a misura. Parto domani, lo so: ho cercato di modellare questa felicità a mio privilegio. Conservi la sua pacata felicità del focolare domestico".

"Pure io ho adeguato la mia felicità alla mia stazza!", esclamai. "Ma poi sono cresciuto. E adesso mi sta stretta sì tanto da strozzarmi".

"Ci si adatterà!", replicò lui.

Quindi mi si piazzò davanti, fissandomi negli occhi e poiché me ne restavo in silenzio, mestamente, disse: "Crediamo di possedere e invece siamo posseduti. Si versi del Shiraz, caro Michel, non avrà spesso occasione di berne e assaggi questi dolci rosa che i persiani accompagnano con questo vino. Questa sera voglio bere con lei, dimenticare la mia imminente partenza e chiacchierare come se questa notte fosse eterna. Lei sa perché la filosofia e la poesia oggi sono cose morte? Perché si sono discoste dalla vita. Gli antichi greci, loro sì che idealizzavano la sostanza stessa della vita: la vita dell'artista era già una realizzazione poetica come quella del filosofo era il porre in essere la propria filosofia. Intimamente unite all'esistenza, invece di ignorarsi, la filosofia alimentava la poesia e questa a sua volta si faceva espressione della filosofia, fondendosi in un tutto convincente. Oggi, la bellezza non sortisce più alcun effetto, l'azione non tiene più a essere bella e la saggezza agisce per proprio conto".

"Perché lei che vive della sua saggezza non scrive le sue memorie o perlomeno i suoi ricordi di viaggio?" "Perché non ho piacere a ricordarmeli. Se lo facessi avrei il timore di impedire al futuro di fare il suo corso rendendo preminente il passato. Vivo la novità di ogni ora dimenticando completamente l'attimo che è già passato. Non mi basta essere stato felice. Non credo nelle cose morte, per me il non essere più equivale a non essere mai stato".

Queste parole che anticipavano troppo il mio pensiero mi irritarono; avrei voluto farlo rallentare, costringerlo a fermarsi; ma vanamente tentavo di oppormi e questo faceva sì che fossi più in disappunto con me che non con lui. Per cui mi mantenni in silenzio. Menalque, dopo aver camminato un poco avanti e indietro, riprese: "Rimpianti, rimorsi, pentimenti, sono gioie andate che ci siamo già lasciati alle spalle. Non mi piace voltarmi a guardare indietro e lascio dietro me il passato, come l'uccello per levarsi in volo lascia dietro sé la sua ombra. Ah, Michel ogni nuova gioia ci attende, ma vuole trovare il nido vuoto, essere l'unica e che si giunga a lei senza altra compagnia. Ah! Michel, ogni gioia è una manna del deserto che dopo un giorno si guasta; è simile all'acqua dell'Averno Ameles che, come racconta Platone, non si poteva raccogliere in un nessun vaso. Auguriamoci che ciascun istante porti via ciò che aveva portato seco".

Menalque parlò ancora lungamente; non posso riportare tutti i suoi discorsi molti dei quali si impressero dentro di me, tanto più profondamente quanto più presto avrei desiderato dimenticarli; non che insegnassero niente di nuovo, ma mettevano improvvisamente a nudo il mio pensiero; un pensiero che avevo celato con tanta cura da sperare di soffocarlo.

Così trascorremmo la veglia.

Quando al mattino, dopo aver accompagnato Menalque alla stazione ferroviaria, mi incamminai verso casa, fui pervaso da una rabbia furibonda verso la gioia cinica di Menalque; avrei voluto fosse falsa, avrei voluto negarla. Mi irritavo al pensiero di non avergli saputo rispondere; di aver detto alcune cose che potevano farlo dubitare della mia felicità, del mio amore. E mi aggrappavo a codesta felicità precaria, alla mia "pacata felicità", come l'aveva chiamata Menalque e non riuscivo a scacciare l'inquietudine, per cui cercavo di convincermi che questo turbamento sarebbe valso ad alimentare il mio amore. Mi protendevo verso l'avvenire in cui già vedevo il mio bambino sorridermi; per lui il mio senso morale si ricreava e rafforzava. Infine, ripresi a camminare con passo sicuro.

Ahimè! Quando al mattino entrai in casa, un disordine insolito mi colpì immediatamente. L'infermiera mi venne incontro e mi raccontò con delicatezza, come durante la notte mia moglie avesse avuto incubi e accusato forti dolori che avevano richiesto la presenza del medico il quale, accorso, non aveva ancora lasciato l'ammalata. Poi, forse, avvistasi del mio pallore, tese a rassicurarmi, dicendo che tutto stava procedendo per il meglio e… mi precipitai nella camera di Marceline.

Nella stanza c'era poca luce e d'acchito distinsi il solo dottore che mi fece segno con la mano di non parlare; poi, intravidi nell'ombra la fisionomia che conoscevo. Ansiosamente, mi avvicinai al letto.

Mia moglie aveva gli occhi chiusi, era cerulea, tanto che sul momento la credetti morta, ma poi volse la testa verso me. In un angolo oscuro della camera una persona che non conoscevo metteva in ordine vari oggetti, strumenti, ovatta; vidi o credetti di scorgere della biancheria sporca di sangue… barcollai. Quindi, franai tra le braccia del dottore, il quale mi sostenne. Capivo: avevo timore di capire.

"Il bambino?", chiesi con un groppo in gola.

Scrollò malinconicamente le spalle.

Senza sapere bene cosa facessi, mi gettai verso il letto singhiozzando. Ah, quale scontro severo con il futuro! Improvvisamente fu come se il terreno mi mancasse sotto i piedi e davanti a me vedevo solo un buco nero che mi inghiottiva.

A questo punto tutto è in me un terribile, confuso ricordo.

Marceline parve ristabilirsi abbastanza rapidamente. Le vacanze di inizio anno mi lasciarono un po' di respiro e potei trascorrere con lei intere giornate. Accanto a lei studiavo, scrivevo, leggevo. Quando uscivo non mancavo mai di portarle un fiore. Ricordavo le tenere cure che mi aveva prodigato quando ero malato e la circondavo di tanto amore che ella spesso sorrideva, felice. Non scambiammo una parola sul triste episodio che aveva vanificato le nostre speranze.

Poi, le venne la flebite e quando già stava guarendo, un'embolia la mise in pericolo di vita. Era notte, mi rivedo chino su di lei, mentre il mio cuore si arresta o riprende a battere con il suo.

Quante notti trascorsi così accanto a mia moglie! Lo sguardo ostinatamente fisso su di lei, teso nella speranza di infondere un po' della mia vita nella sua con la forza del mio amore. E se non credevo più nella felicità, la mia sola triste gioia era di tanto in tanto veder sorridere Marceline.

Le lezioni del mio corso ricominciarono. Dove trassi la forza di tenerle? Non ricordo cosa accadde in quelle settimane, ma c'è una cosa che vale la pena di raccontarvi: una mattina poco tempo dopo l'embolia mi trovavo vicino a Marceline; mi sembrava che stesse meglio, ma le era ancora imposta l'immobilità assoluta. Mi chinai per farla bere e quando ebbe bevuto con un filo di voce mi pregò di aprire un cofanetto che mi indicò con uno sguardo. Lo portai da lei; l'aprii e presi a tirare fuori ciò che conteneva: fiocchi, nastri, inezie senza valore che gli mostrai. Presi una coroncina che mi indicò con lo sguardo e gliela porsi.

"Temi, dunque, che non mi prenda cura di te?", obiettai.

E lei: "Mio caro..."

E allora mi ricordai della conversazione avuta a Biskra e del suo timoroso rimprovero nel sentirmi rifiutare quello che lei chiamò "l'aiuto di Dio".

Allora le dissi con asprezza: "Ma io sono guarito da solo".

"Ho pregato tanto per te", rispose con amarezza.

Presi la corona e la feci scivolare nella sua mano indebolita. Uno sguardo colmo di lacrime fu la mia ricompensa e, non sapendo cosa fare, le dissi: "Addio". E me ne andai dalla camera come se fossi stato cacciato.

L'embolia aveva provocato scompensi gravi: il grumo di sangue che il cuore aveva espulso, stancava e congestionava i polmoni, ostacolava la respirazione, la riduceva a un soffio. La malattia era entrata in Marceline, la segnava ormai. Il suo era un corpo in rovina.

III

Il tempo andava rabbonendosi. Terminato il mio corso di lezioni, seguendo le indicazioni del medico, il quale sosteneva che ogni pericolo imminente era superato e che per giungere a una completa guarigione mia moglie aveva necessità di cambiare aria, portai Marceline alla Morinière. D'altra parte, anch'io avevo bisogno di riposo. Le nottate in cui avevo voluto vegliare personalmente l'ammalata, l'angoscia patita e soprattutto quella sorta di simpatia fisica che da quando si era manifestata l'embolia, aveva fatto sì che il mio cuore andasse in sincrono con il suo, mi aveva prosciugato di ogni energia. Avrei preferito condurre Marceline in montagna ma ella espresse il desiderio di tornare in Normandia perché reputava non esserci clima migliore di quello e mi ricordò che dovevo occuparmi delle due fattorie di cui mi ero imprudentemente fatto carico. Mi persuase asserendo che se me ne ero assunto la responsabilità dovevo amministrarle come si deve. Giunti sul posto mi sollecitò a fare subito un giro di ispezione delle mie proprietà...

Non so se in quella sua accorata insistenza non entrasse la sua abnegazione e il timore che, sentendomi costretto a rimanere accanto a lei per darle le cure di cui ancora abbisognava, non avvertissi limitata la mia libertà...

Marceline, in ogni caso migliorava; il sangue le affluiva nuovamente alle guance e mi rassicurava soprattutto vedere il suo sguardo sollevato: sì, potevo lasciarla senza timore. Per cui feci ritorno alle fattorie: era in corso la prima fienatura. L'aria colma di polline e profumi come una bevanda inebriante nell'immediato mi stordì; essa penetrava in me tanto dolcemente che mi sembrò, dall'anno precedente, di non aver inalato altro che polvere. Mi sedetti su un pendio da dove estasiato mi era dato osservare la Morinière, i suoi tetti azzurri e le acque stagnanti dei canali; ovunque intorno campi falciati, altri coperti d'erbe; in lontananza l'ansa di un ruscello; più lontano ancora i boschi, dove in autunno andavo a cavallo con Charles. Mi giungevano dei canti che pian piano andavano avvicinandosi; si trattava di contadini i quali con forcone o rastrello in spalla facevano ritorno a casa dal lavoro. Li riconobbi quasi tutti: la loro presenza mi ricordò che non mi trovavo là in veste di visitatore, bensì di padrone.

Mi avvicinai, sorrisi, rivolsi loro la parola e mi informai su ognuno. Sin dal mattino Bocage mi aveva aggiornato sullo stato delle colture; d'altra parte, non aveva mai smesso d'informarmi, con frequenti missive, dei più piccoli avvenimenti che si verificavano lì. La coltivazione non andava male; o perlomeno assai meglio di quanto Bocage mi aveva fatto sperare. Tuttavia, ero atteso per alcune decisioni importanti e, per qualche giorno, mi occupai di tutto, facendo del mio meglio, pur di malavoglia, per ridare ordine alla mia vita con quella parvenza di lavoro.

Quando mia moglie si sentì meglio e risultò in condizione di vedere gli amici, alcuni di essi si trasferirono da noi. La loro affettuosa presenza fu gradita a Marceline ma fece sì che io rimanessi fuori casa più a lungo. Preferivo la compagnia del contado con il quale avevo l'impressione di apprendere molte cose... non che io ponessi troppe domande, riuscivo a malapena a esprimere le sensazioni che provavo: mi pareva di sentire attraverso di loro e, mentre la conversazione dei nostri amici mi era del tutto nota prima già che aprissero bocca, la sola vista di quelle persone semplici era per me motivo di continuo stupore.

In principio, essi parevano rispondermi con quella condiscendenza che io evitavo di mostrare quando conversavo con loro, ma ben presto cominciarono ad abituarsi alla mia presenza.

Ogni giorno li sentivo più vicini. E non contento di seguirli nel lavoro volevo assistere ai loro giochi, gli opachi pensieri che esprimevano non mi interessavano, ma presenziavo ai loro pasti, ne ascoltavo i discorsi, partecipavo ai loro divertimenti. Preso da una sorta di simpatia, simile a quella che faceva battere il mio cuore all'unisono con quello di Marceline, avvertivo l'eco immediata di ogni sensazione esterna, mai vaga, ma precisa, acuta. L'indolenzimento delle braccia del falciatore si trasmetteva alle mie; la sua stanchezza diveniva la mia, il sidro che beveva dissetava anche me: un giorno affilando la falce uno si procurò una ferita profonda, la quale penetrò anche in me, fino al midollo. Mi parve così che la mia vista non fosse la sola a rivelarmi il paesaggio, ma che lo avvertissi anche tramite una specie di contatto reso illimitato da quella stravagante simpatia.

La cotanta presenza di Bocage mi indispettiva; con lui presente mi trovavo costretto ad atteggiarmi da padrone e in questo non ne cavavo alcun piacere. Continuavo a impartire ordini perché era necessario, dirigendo a modo mio i contadini; ma non andavo più a cavallo, per timore di dominare dall'alto. Malgrado le precauzioni che prendevo affinché la mia presenza non suscitasse in loro imbarazzo, mi vedevano come prima, mosso da una curiosità maligna. L'esistenza di ciascuno rimaneva per me un mistero. E allora mi aggiravo, seguivo, studiavo. Cosa facevano quando non erano nei campi?

Non riuscivo a credere che essi non godessero di altri e maggiori divertimenti. Attribuivo a ciascuno un segreto che mi ostinavo a voler conoscere. E allora con maggiore insistenza mi aggiravo, sorvegliavo, indagavo. Cercavo di preferenza i soggetti più rozzi, come se mi attendessi che dalla loro oscurità potesse giungere a me una luce a illuminarmi.

Ce n'era uno che mi incuriosiva più di ogni altro; era snello, alto, per niente stupido, ma guidato solo dall'istinto; tutto quello che faceva era di slancio e cedeva a ogni impulso passeggero. Non era del luogo; di passaggio era stato assunto per caso. Lavorava come un mulo per due giorni e il terzo lo si trovava ubriaco fradicio. Una notte, non visto, andai a trovarlo nel fienile: ubriaco, dormiva di un sonno pesante. Per quanto tempo lo guardai! Un giorno, come era arrivato, partì. Avrei voluto sapere dove era diretto. La sera stessa venni a sapere che Bocage l'aveva licenziato. Colto da un eccesso d'ira verso Bocage lo mandai a chiamare: "Mi è stato riferito che ha licenziato Pierre", lo aggredii.

Sconcertato dalla mia collera, che tuttavia mi premuravo di contenere, disse: "Signore, era uno sporco ubriacone che sviava i contadini migliori".

"So meglio di lei chi tenere e chi no".

"Era solo un vagabondo. Neppure si sa da dove fosse venuto! In paese non si era fatto benvolere. E se una notte avesse appiccato il fuoco al fienile, lei, signore, sarebbe stato soddisfatto?"

"Queste sono faccende che riguardano solo me... La fattoria se non erro è un bene di mia proprietà e intendo dirigerla come più mi aggrada. In futuro, prima di mandare via qualcuno la prego di informarmi prima di ciò che la spinge a tale risoluzione".

Bocage il quale, come già ho specificato, mi conosceva fin da bambino, nonostante il timbro tagliente delle mie parole era troppo affezionato a me per risentirsene. E neppure mi prese troppo sul serio! D'altra parte, il contadino normanno dà scarso valore a cose di cui non gli è chiaro il movente. Così, Bocage prese quel mio rimprovero come un capriccio.

Non volendo comunque lasciarlo amareggiato, dissi: "Suo figlio Charles non dovrebbe essere di ritorno a breve?"

"Poiché non mi chiedeva mai di lui, pensavo se ne fosse dimenticato, signore".

"E come potrei dopo tutto ciò che abbiamo fatto insieme l'anno passato? Inoltre, conto molto sul suo aiuto, per quanto riguarda la gestione delle fattorie".

"Il signore è troppo buono, Charles sarà di nuovo con noi tra otto giorni".

"Bene Bocage, ne sono felice", commentai, congedandolo.

Il buon vecchio aveva una parte di ragione: non avevo dimenticato Charles, ma in verità mi ero interessato ben poco a lui. Come spiegare che, dopo un'amicizia tanto appassionata ciò che provavo per lui era solo una malinconica indifferenza?

D'altra parte, i miei interessi non erano gli stessi dell'anno passato. Le mie due fattorie, lo confesso, suscitavano su di me meno attrattiva della gente che vi era impiegata, e, se volevo stare con loro, la presenza di Charles sarebbe stata un disturbo. Si poneva con troppa serietà ed esigeva dal contado eccessivo rispetto. Così, nonostante la viva emozione che il suo ricordo risvegliava in me, vedevo con timore l'avvicinarsi del suo ritorno.

E così, giunse. Ah, quanta ragione avevo di preoccuparmi e come Menalque aveva ragione di rinnegare i ricordi! Vidi arrivare al posto del Charles che conoscevo, un signore con in testa una ridicola bombetta. Cielo, quanto era cambiato! Imbarazzato, cercai di non rispondere con freddezza alla gioia che mostrava nel rivedermi, ma pure la sua gioia la trovai indigesta e tanto poco sincera e notai con disgusto che si fosse lasciato crescere i favoriti.

La conversazione quella sera si trascinò stancamente. Per una settimana, sapendo che vi avrei trovato Charles, evitai di recarmi alle fattorie. Poi, appena ripresi a uscire fui occupato da un ulteriore problema. Alcuni taglialegna avevano invaso i boschi. Ogni anno degli alberi venivano venduti; la foresta divisa in dodici settori uguali, con il taglio di alcuni alberi ad alto fusto che non si sperava potesse crescere ulteriormente se ne traeva legna per un decennio. Questa operazione si svolgeva solitamente nella stagione fredda, poi, prima di primavera secondo le clausole del contratto di vendita, i taglialegna erano tenuti a sgombrare l'area. Ma la negligenza del vecchio Heurtevent, il mercante di legna che dirigeva i lavori, era tale che spesso giunto il momento di sgombrare la legna rimaneva ancora a lungo sul posto; si vedevano, allora, nuovi fragili germogli insinuarsi tra i rami morti e quando finalmente i taglialegna portavano a termine lo sgombro, avevano rovinato molte gemme.

Non essendoci altre offerte quell'anno, l'abituale acquirente ne approfittò per fare un'offerta di gran lunga minore delle precedenti; per cui, sicuro di aver fatto un ottimo affare, non mostrava alcuna fretta di tagliare gli alberi che gli erano stati concessi così a buon mercato. Rimandava il lavoro di settimana in settimana, portando a scusante una volta la carenza di manodopera, l'altra il brutto tempo, quindi un cavallo malato o precedenti impegni presi. Tanto che a metà estate la legna si trovava ancora sul posto.

Quello che l'anno prima mi avrebbe irritato al sommo grado mi lasciava ora indifferente. Ovviamente, sapevo quanto il comportamento di Huertevent mi stesse danneggiando ma i boschi così devastati erano belli da vedere e adoravo passeggiarci spiando le mosse della selvaggina e andando a sedermi sui tronchi abbattuti i quali sembravano ancora vivi.

Poi, improvvisamente, verso metà di agosto Huertevent si risolse a mandare i suoi uomini. Si presentarono sei per volta con la pretesa di concludere i lavori in sei giorni. La parte di bosco abbattuta giungeva quasi alla Valterie; acconsentii, per facilitare l'operato dei lavoratori, che venisse loro portato il pasto dalla fattoria. Questo incarico fu assegnato a un tipo ameno di nome Bute il quale era da poco congedato dal servizio militare spiritualmente provato ma fisicamente in perfetta forma: era uno degli uomini alle mie dipendenze con il quale parlavo più volentieri. Così mi fu possibile incontrarlo senza recarmi di proposito alla tenuta. Fu proprio allora, infatti, che ripresi a uscire e per alcuni giorni non mi allontanai mai dalla macchia boschiva, facendo ritorno alla Morinière per cena, quando mi facevo attendere. Fingevo di sorvegliare il lavoro, ma in realtà non avevo occhi che per i boscaioli.

A questi sei uomini, talvolta, si univano due figli di Heurtevent: l'uno di vent'anni, l'altro di quindici ed erano snelli, flessuosi, dai lineamenti duri. All'aspetto sembravano forestieri e più tardi seppi che la loro madre era di origini ispaniche.

In principio mi stupì che una spagnola fosse arrivata fin lì, ma l'uomo da quel giramondo che era stato, pareva l'avesse sposata in giovane età durante un soggiorno in Spagna. Per questa ragione ispirava poche simpatie in paese. La prima volta che incontrai il più giovane dei suoi figli, ricordo, pioveva; era solo seduto su un baroccio e da là cantava a squarciagola una specie di singolare canto che mai avevo udito prima. I cavalli che tiravano il carro, conoscendo la strada, procedevano senza guida.

Non posso descrivere l'effetto che quella melodia sortì su di me, perché di simili non ne avevo ascoltato neppure in Africa. Il giovane pareva in stato di ebbrezza alcolica, quando passai neppure mi guardò: il giorno successivo venni a conoscenza che si trattava di uno dei figli di Heurtevent. Fu per rivederlo che mi aggirai a lungo nei boschi. L'operazione di sgombro fu compiuta e quei giovani se ne andarono senza che riuscissi a cavare loro niente di bocca.

Bute, invece, aveva piacere di parlare e io feci in modo che capisse che poteva confidarsi con me; da quel momento, superato ogni imbarazzo mi svelò tutti i segreti del paese. Con avidità mi gettai sul mio mistero. Superava ogni mia aspettativa e ciononostante non mi soddisfaceva. Era questo che nascondevano le apparenze? O si trattava di una nuova ipocrisia? Cosa importa! Interrogavo Bute come avevo indagato le cronache confuse dei Goti. Da quei racconti si alzavano torbide esalazioni che io respiravo inquieto. Innanzitutto, venni a sapere dei frequenti amplessi che Heurtevent consumava con la figlia. Temendo che mostrando biasimo avrei pregiudicato ulteriori rivelazioni, sorridendo, chiesi: "E la madre? Non dice niente?". "Come potrebbe? È deceduta dodici anni fa. Lui la maltrattava".

"Quanti sono in famiglia?"

"Cinque figli. Lei ha conosciuto il maggiore e il minore dei ragazzi. Ce n'è pure uno di sedici anni gracilino, che nutre l'ambizione di farsi prete. E poi, la figlia maggiore la quale ha già avuto due figli dal padre".

Poco a poco venni a sapere molte altre cose che mi presentavano la casa degli Heurtevent come un luogo di passioni ardenti, di odori acri, attorno al quale, mio malgrado, la mia fervida immaginazione si posava come una mosca sul bitume. Una sera, dei figli, il maggiore tentò di usare violenza su una giovane serva ma poiché questa si dibatteva, accorse il padre a dar man forte al giovanotto, il quale si prodigò per tenere la preda ferma con le sue rozze mani. Intanto, il secondo figlio al piano superiore continuava a recitare le preghiere e il minore, testimone dell'episodio, rideva divertito. L'abusare di quella ragazza credo che non fu un'impresa ardua. Infatti, Bute mi riferiva che poco tempo dopo la serva, avendoci preso gusto, aveva tentato di sedurre il pretino.

"Il suo proposito andò a buon fine?", chiesi.

"Ancora lui oppone resistenza, ma pare la sua fede ne abbia risentito".

"Non mi hai detto che aveva un'altra figlia?"

"Che va con chiunque ci si imbatta, senza neppure chiedere in cambio niente. Quando le prende la smania, per appagare i sensi sarebbe disposta persino a pagare. Naturalmente non si può portarsela a letto in casa del padre perché, se sorpresa, ne buscherebbe di santa ragione. Il vecchio dice che in famiglia è lecito fare i propri comodi, ma questo non vale per gli estranei. Pierre, il lavorante che avete licenziato, andava in giro a vantarsene e ne è uscito con un buco in testa. Da allora, certe imprese, si compiono solo nella boscaglia".

A questo punto, incoraggiandolo con lo sguardo, domandai: "Tu te la sei fatta?"

"Qualche volta", rispose, poi alzando gli occhi: "D'altra parte anche il più giovane dei Bocage..."

"Qual è?"

"Alcide, quello che dorme alla fattoria. Il signore non lo conosce?"

Ero stupito di venire a conoscenza che Bocage avesse un ulteriore figlio. Bute continuò: "Lo scorso anno era ancora dallo zio ma mi meraviglia che lei non l'abbia mai incontrato nella macchia: ogni sera va a caccia di frodo".

Bute aveva pronunciato le ultime parole in tono più basso. Mi guardò e capii che era indispensabile sorridere. Allora, Bute, soddisfatto, proseguì: "Il signore, diamine, lo sa che si va a caccia di frodo nelle sue terre? Mah, la proprietà è talmente vasta che gran danno non fanno".

Mi mostrai così poco amareggiato che Bute, felice di mettere in cattiva luce Bocage, mi indicò delle trappole tese da Alcide e un punto della siepe da dove, se avessi voluto, avrei potuto coglierlo sul fatto. C'era alla sommità di un pendio uno stretto passaggio nella siepe che lo costeggiava attraverso il quale Alcide era solito calarsi verso le sei. In quel punto Bute e io, tendemmo un filo di rame furbescamente nascosto. Poi, dopo avermi fatto giurare che non lo avrei smascherato, Bute, non volendo compromettersi, si allontanò. Mi distesi sul pendio e attesi: in verità per tre sere, invano. Cominciavo a pensare che Bute si fosse preso gioco di me quando la quarta sera sentii un passo leggero avvicinarsi. Il cuore mi batteva all'impazzata e questo mi fece comprendere quanto potesse essere voluttuosa la caccia a frodo. La trappola era posta con una tale accortezza che Alcide gli andava dritto contro. Lo vidi cadere lungo disteso, con la caviglia imprigionata. Si dibatté, nel tentativo di liberarsi come un animale selvatico. Ma ormai io gli ero sopra. È un birbante: occhi verdi, capelli biondi, l'aria sorniona. Scalciò, poi, una volta che l'ebbi immobilizzato cercò di mordermi. Vistosi perso cominciò a ingiuriarmi. In tutta risposta, io scoppiai a ridere e lui disse:

"Assassino, hai fatto di me uno storpio".

"Fa vedere".

Tirata giù la calza mi mostrò la caviglia dove si notava appena un lieve rossore.

"Non è niente", dissi.

Sorrise e disse: "Dirò a mio padre che è lei a mettere le trappole".

"Diamine! Ma se è una delle tue".

"Certo questa qui non l'ha messa lei".

"E perché no?"

"Lei non saprebbe prepararla così accuratamente".

"Insegnamelo tu".

Quella sera rientrai tardissimo e siccome nessuno sapeva dove fossi, mia moglie era preoccupata. Ovviamente, non le raccontai che ero stato a mettere trappole e che invece di sgridare Alcide, gli avevo dato dieci soldi. Il giorno seguente, quando andai a controllare le trappole ebbi la sorpresa di trovarvi due conigli presi allaccio che lasciai al ragazzo. La caccia non era ancora aperta: cosa se ne faceva di queste prede che non poteva mostrare se non compromettendosi?

Alcide non me lo disse, ma venni informato da Bute che Heurtevent era un ricettatore e il più giovane dei suoi figli faceva da tramite fra lui e Alcide. Quanto a fondo sarei penetrato in quella orribile famiglia? Con quanta passione continuai queste mie imprese!

Mi incontravo con Alcide ogni sera: prendemmo conigli in abbondanza e una volta pure un capriolo. Lo trovammo ancora vivo e con orrore ricordo il piacere che provò il ragazzo nel finirlo. Quindi lo mettemmo in un luogo sicuro dove il giovane Heurtevent avrebbe potuto prenderlo durante la notte.

Da allora, non uscii più tanto volentieri durante il giorno, perché la selva decimata non offriva più troppe attrattive. Cercai anche di lavorare, ma era un triste lavoro senza scopo – poiché terminato il corso avevo già rifiutato la successiva supplenza - lavoro ingrato da cui ogni minimo rumore, quasi fosse per me un richiamo, mi distraeva. Quante volte abbandonavo la lettura, per andare alla finestra dalla quale non vedevo nessuno. Ma quanto al crepuscolo, e oramai il buio calava presto, era il mio momento preferito e non riuscivo a immaginare essere più bello; e uscivo come entrano i ladri. I miei occhi si erano fatti penetranti come quelli delle creature che vivono nell'oscurità. Contemplavo l'erba alta e fluttuante, gli alberi folti. La notte rendeva tutto più profondo, dilatava le distanze, mostrava il suolo lontano e ogni superficie incerta infossata. Il sentiero più piano sembrava nascondere delle insidie. Dappertutto percepivo il destarsi di creature tenebrose.

"Tuo padre dove crede tu sia, adesso?"

"Nella stalla, a badare alle bestie".

Sapevo che Alcide pernottava là insieme con i piccioni e le galline; siccome ce lo rinchiudevano a sera lui sgattaiolava fuori da un buco nel tetto; nei suoi abiti restava un caldo odore di animali e fieno.

Poi, improvvisamente, appena aveva riunito la selvaggina, si allontanava nella notte come inghiottito dal buio, così, senza un saluto. Sapevo che prima di rientrare nella fattoria, dove i cani al suo arrivo restavano in silenzio, avrebbe trovato il più piccolo degli Heurtevent a cui avrebbe consegnato le provviste. Ma dove? La mia curiosità non era mai appagata; minacce, stratagemmi, ritorsioni, tutto fallì, gli Heurtevent non si lasciavano avvicinare. Non so in cosa la mia follia si manifestasse con più evidenza se non nel perseguire un particolare di così poco conto che pure mi sfuggiva; o forse, nell'inventare io stesso un mistero che tale non era perché spinto da un'insaziabile curiosità? Cosa faceva Alcide quando se ne andava? Dormiva veramente nella stalla o lo dava a credere? Ah, nonostante mi compromettessi in mille modi, mi rispettava sempre meno senza per altro accordarmi maggiore fiducia, e tutto questo mi indispettiva e mi amareggiava allo stesso tempo.

Quando lui si allontanava mi sentivo terribilmente solo; ritornavo a casa attraverso i campi, nell'erba bagnata, ebbro di notte, di vita selvaggia e anarchia, bagnato, inzaccherato, coperto di fogliame. Da lontano nella Morinière addormentata, sembra guidarmi come un faro la lampada accesa nel mio studio dove Marceline mi credeva rinchiuso, o quella della sua stanza perché avevo giustificato le mie passeggiate notturne, come necessarie a conciliarmi il sonno. Avevo orrore del mio letto; avrei preferito riposare nel fienile.

ત

La selvaggina abbondava quell'anno. Conigli, lepri, fagiani caddero nelle trappole. Vedendo che le cose andavano a gonfie vele, Bute si unì a noi. La sesta sera che cacciavamo di frodo, non ritrovammo che due tagliole su dodici: le altre erano state rimosse durante il giorno.

Bute mi chiese cento soldi per acquistare del filo di rame perché a suo dire quello di ferro non valeva niente. Il giorno a venire ebbi la sorpresa di trovare in casa di Bocage le mie dieci tagliole e fui costretto a congratularmi con lui per il suo zelo. Il bello è che l'anno prima avevo avventatamente promesso dieci soldi per ogni trappola rimossa, per cui dovetti darne cento a Bocage. Intanto Bute con i suoi cento soldi comprava il filo di rame. Quattro giorni dopo, la stessa storia: altre dieci tagliole vennero rimosse e mi costò altri dieci soldi con Bute e cento per Bocage. E quando volli congratularmi con lui, mi disse: "Non è con me che deve congratularsi, ma è con Alcide".

"Ah!", cercai di trattenere lo stupore per non tradirmi.

E proseguì: "Che vuole, signore, io sto diventano vecchio e sono sempre occupato con la fattoria. Il mio ragazzo va nei boschi tutto il giorno, è scaltro e sa meglio di me dove trovare le trappole".

"Non stento a crederlo!"

"Così coi dieci soldi che lei mi dà, gliene do a lui cinque per ogni tagliola che mi porta".

"Se li merita senz'altro, diamine! Venti tagliole in cinque giorni... ottimo lavoro. I cacciatori di frodo non hanno che da rigare dritto con lui in giro".

"Oh, signore, per quanti ne vengono presi, se ne trovano di nuovi. La selvaggina oggi si vende a caro prezzo e per quei pochi soldi che ci rimettono...".

Mi sentii raggirato, tanto che arrivai a pensare che Bocage stesso fosse complice. Quello che più mi indispettiva non era tanto il triplice commercio che faceva il ragazzo, ma il vedermi così facilmente ingannato da lui. Cosa se ne facevano dei soldi Bute e lui per me rimaneva un mistero. Non capirò mai certe creature che ingannano gli altri solo per il gusto di farlo. Quella sera non furono dieci soldi quelli che diedi a Bute, ma dieci franchi con l'avviso che era l'ultimo tentativo e se le tagliole fossero state rimosse, pazienza.

Il giorno dopo, vidi venirmi incontro Bocage: pareva parecchio imbarazzato e io lo ero quanto lui. Cosa era occorso? Bocage mi disse che Bute era rientrato alla fattoria all'alba ubriaco fradicio e quando lui aveva cominciato a interrogarlo, l'altro prima l'aveva insultato e poi percosso.

"Per cui, vorrei sapere, signore, se lei mi autorizza... a licenziarlo".

"Voglio pensarci, Bocage. Sono molto dispiaciuto che gli abbia mancato di rispetto. Mi lasci riflettere un attimo; tra un paio di ore le farò sapere".

Tenere a servizio Bute significava offendere Bocage; licenziare Bute significava spingerlo a vendicarsi. Pazienza: accada quel che accada, il colpevole sono io. Così, quando rividi Bocage, dissi: "Può dire a Bute che se ne vada immediatamente".

Poi, aspettai. Cosa faceva Bocage? E Bute? Solo verso sera mi giunse l'eco dello scandalo. Bute aveva parlato. Lo capisco dalle urla che sento dai Bocage; stava picchiando il piccolo Alcide. Bocage stava per venire, sentivo il suo passo di vecchio avvicinarsi e il cuore mi batteva tanto più forte di quanto non avesse fatto di fronte alla selvaggina... che momento terribile! Quali giustificazioni avrei potuto dare? Non ero un buon attore! Quando Bocage entrò avrei voluto cedere la mia parte a un altro. Non capivo assolutamente niente di quello che diceva e dovetti chiedergli di ripetere da capo. Alla fine, compresi che riteneva Bute il solo colpevole; non voleva accettare la semplice verità che fossi stato io a dare i dieci franchi a Bute? Già, ma perché mai avrei dovuto farlo? Per lui i soldi Bute li aveva rubati e dichiarando che glieli avevo dati io non faceva che aggravare la sua posizione; e per nascondere il furto, Bute i soldi se li era bevuti. Della caccia di frodo non aveva fatto parola. Bocage aveva picchiato il figlio perché il ragazzo dormiva fuori dalla fattoria.

Credevo che tutto fosse finito, quando, un'ora dopo, vidi comparirmi davanti Charles. Non aveva affatto l'aria di voler scherzare; già alla distanza si intuiva che sarebbe divenuto un uomo noioso come suo padre. E pensare che appena un anno prima... "Charles è tanto tempo che non ci si vede..."

"Signore, se era suo desiderio vedermi, bastava venire alla fattoria. Io non bazzico certo il bosco durante la notte".

"Ah, tuo padre ti ha raccontato..."

"Un bel niente... perché non sa niente. Alla sua età non c'è ragione di andargli a dire che il suo padrone si prende gioco di lui".

"Charles, adesso esageri...".

"Certo, perché lei è il padrone e fa quello che vuole".

"Charles, sai fin troppo bene che non mi sono burlato di alcuno e, se agisco come mi pare, il danno non può ricadere che su di me".

Scrollò le spalle. "Come vuole che si difendano i suoi interessi quando lei per primo gli va contro? Lei non può nello stesso tempo proteggere il guardiano e il cacciatore di frodo".

"Perché?"

"Perché??? ... Signore, tutto questo è assurdo... e inoltre non mi piace vedere il mio padrone fare lega con i fuorilegge e vanificare, così, tutto il lavoro svolto per lui".

Charles parlava con voce ferma. Il suo portamento recava in sé qualcosa di nobile. Notai che si era liberato dei favoriti. Quello che esprimeva era giusto e poiché me ne stavo in silenzio, proseguì: "L'anno scorso, il signore mi ha insegnato che abbiamo dei doveri nei confronti di ciò che possediamo, ma sembra essersene dimenticato. Bisogna prendere sul serio questi doveri... altrimenti ci si mostra indegni della fortuna che ci ha riservato la vita".

Si zittì.

"È questo quello che volevi dirmi?"

"Per il momento sì; ma la prossima volta che accadranno fatti del genere verrò a comunicarle che io, mio padre e mio fratello, lasciamo la Morinière".

Si allontanò senza lasciarmi tempo di riflettere. Gli corsi appresso:

"Charles, hai ragione e io torto... Ma se questo significa possedere... Puoi annunciare a tuo padre che metto in vendita la Monière".

Charles non disse una parola.

ॐ

Marceline mi mandò a dire che quella sera non sarebbe scesa a cena: non si sentiva bene. Salii in fretta fino alla sua camera: "È soltanto raffreddore, ho preso freddo. Eppure, al primo brivido ho messo lo scialle: forse avrei dovuto farlo prima".

Cercò di sorridermi. Forse, una giornata che si è sviluppata male dà a ogni cosa un'impronta tragica. Se solo mi avesse detto: "Ci tieni dunque a che io resti in vita?", non avrei potuto comprenderla meglio. Corro vicino a mia moglie e le copro di baci le pallide tempie, lei non riuscendo più a trattenersi pianse sulla mia spalla. "Marceline! Andiamocene da qui. Altrove ti amerò come ti ho amata a Sorrento. Hai pensato che fossi cambiato, non è vero? Altrove vedrai che sono quello di allora e niente è mutato del nostro amore".

Pervaso dalla tristezza, già mi aggrappavo a una flebile speranza. Non era stagione avanzata ma faceva un freddo umido, le ultime gemme delle rose marcivano senza potersi schiudere. I nostri ospiti ci avevano già lasciato da tempo.

Marceline stava talmente male che non poté neppure occuparsi di chiudere la casa. Trascorsi cinque giorni, partimmo.

TERZA PARTE

I

ercai, dunque, una volta ancora, di tenermi stretto il mio amore. Ma avevo veramente bisogno di una tranquilla felicità? Quello che mi dava e che rappresentava per me mia moglie era una sorta di riposo per chi non è per niente stanco. Ma poiché sapevo ch'ella era debilitata e abbisognava del mio amore, la colmai di tenerezza simulando che lo facessi perché ne necessitassi io stesso. Avvertivo in modo intollerabile la sua sofferenza e l'amavo per poterla strappare a quella.

Ah, cure appassionate, tenere veglie! Sviluppavo il mio amore come altri esasperano la loro fede, spingendone all'estremo le pratiche. E, ogni volta, Marceline subito si riattaccava alla speranza. In lei trovavo ancora specchi di giovinezza e lei in me, tante vaghe promesse. Lasciammo in quattro e quattr'otto Parigi per un nuovo viaggio di nozze. Ma già il primo giorno le sue condizioni peggiorarono e arrivati a Neuchatel fummo costretti a fermarci.

Quanto mi piacque quel lago dalle sponde glauche! Non ha in sé niente di alpestre e le acque come quelle di una palude, filtrano dalla terra insinuandosi attraverso i canneti. Mi riuscì di trovare in un alberghetto molto confortevole una camera con vista sul lago per mia moglie; che del resto durante tutta la giornata non lasciava mai.

La sua salute declinava tanto che il giorno seguente feci venire un medico da Losanna. Questi si preoccupò inutilmente di sapere se nella famiglia di mia moglie si erano registrati altri casi di tubercolosi. Risposi affermativamente, sebbene non ne conoscessi alcuno; ma trovavo sconveniente dire che io ero stato lì lì per morire per quella e che prima di essersi presa cura di me durante tutto lo sviluppo e il decorso della malattia, Marceline non aveva mai accusato nessuna patologia di una qualche rilevanza. Incolpai l'embolia, benché il medico non ci vedesse che una causa occasionale e sostenne che la malattia era iniziata precedentemente. Ci suggerì un soggiorno immediato in alta montagna; l'aria delle Alpi, diceva, avrebbe giovato all'ammalata e a poco a poco l'avrebbe guarita. Dato che già era nei miei progetti trascorrere tutto l'inverno in Engadina, appena Marceline si sentì abbastanza in forze da affrontare il viaggio, ripartimmo.

Tutte le sensazioni che provai lungo la strada mi sono rimaste scolpite nella memoria. Il cielo era limpido e faceva freddo; avevamo portato con noi le pellicce più pesanti. A Coria, in albergo, un continuo trafficare rumoroso nell'edificio ci costrinse a una notte quasi interamente insonne. Per me avrei tranquillamente sopportato, ma Marceline... aveva bisogno di riposare tranquilla. Ripartimmo al sorgere dell'alba: avevo prenotato per noi due posti sulla diligenza che ci avrebbe permesso di raggiungere Saint Moritz in un giorno. Tiefenkasten, le Julier, Samaden... rammento tutto, ora per ora; l'aria insolita e il tempo inclemente, il tintinnare dei sonagli dei cavalli; il mio appetito, la sosta a mezzogiorno davanti all'albergo; l'uovo crudo che misi nella minestra, il pane di semola, il vino aspro. Quei cibi grossolani poco adatti alla salute di mia moglie; non mangiò quasi niente, se non qualche biscotto secco che avevo avuto l'accortezza di acquistare durante il viaggio. Rivedo l'ora del crepuscolo, il rapido insorgere dell'ombra sui crinali delle foreste, quindi una nuova fermata. L'aria sempre più frizzante... quando la diligenza fece sosta, ci immergemmo nel silenzio della notte e non ci furono più parole.

Il minimo rumore, in quella strana trasparenza pareva raggiungere una piena, perfetta sonorità. Ripartimmo contornati dal buio. Marceline tossiva... tossiva. Oh, cesserà mai quella dannata tosse? Ripensai alla corriera di Sousse... troppa fatica per una nelle sue condizioni... Com'era debole, diversa, dalla donna che conoscevo, nell'ombra stentavo a convincermi fosse ancora lei. Come mi appariva smagrito il suo volto. Tossiva orribilmente ma era quella la conseguenza più evidente delle cure. Provai orrore della simpatia, lì si celava ogni genere di contagio; si sarebbe dovuto provarla solo per le persone forti. Povera, non ce la fa più! Quanto ci vuole per giungere a destinazione...? Cosa fa ora? Prende il fazzoletto, lo porta alle labbra si volta dall'altra parte... che schifo! Anche lei come me allora sta sputando sangue?"

Con rabbia le strappai il fazzoletto dalle mani. Lo ispezionai alla fioca luce della lanterna... Niente, ma ho reso troppo palese la mia angoscia. Marceline sforzandosi di sorridere mormorò: "No, non ancora".

Finalmente arrivammo. Appena in tempo, a stento si reggeva in piedi. Le camere che ci avevano riservato per la notte non le trovai di mio gradimento. Poco male.

"Domani", mi dissi, "ci trasferiremo in altre".

Niente mi sembrava bello, né abbastanza costoso. E poiché la stagione invernale era solo all'inizio e l'albergo quasi vuoto, avevo ampia possibilità di scelta. Fissai due stanze spaziose, piene di luce, ammobiliate con semplicità; il salotto attiguo disponeva di un largo balcone da dove si vedeva un orrendo laghetto e un monte di scarso interesse con pendici troppo spoglie: qui chiesi che ci servissero i pasti. L'appartamento costava una cifra esorbitante ma quale importanza poteva avere tutto ciò? Certo non avevo più il mio corso, ma avrei venduto la Morinière! D'altronde che bisogno avevo dei soldi? E di sfarzo? Mi sentivo forte, adesso. Pare che il mutamento di una situazione economica sia educativo quanto il cambiamento di uno stato di salute. Marceline, sì, lei ha bisogno degli agi; è debole. Ah, per lei volevo spendere così tanto che rifiutavo il lusso e al tempo stesso ne traevo piacere;

vi immergevo, ne impregnavo la mia sensualità che desideravo ritornasse a me vagabonda.

Mia moglie manifestava qualche miglioramento; le mie cure sortivano su di lei un benevolo effetto. Poiché mangiava a fatica, per stuzzicare il suo appetivo ordinavo i cibi più squisiti e raffinati, i migliori vini. Persuaso che anche lei ne traesse piacere da quei vini stranieri che ordinavo quotidianamente... dapprima chiesi ci servissero i vini del Rodano, poi fu la volta degli sciropposi Tocai con la loro forza inebriante. Ricordo uno strano Barba-Grisca di cui restava una sola bottiglia per cui non mi fu possibile sapere se lo stesso sapore singolare si trovasse anche in altre.

Ogni giorno uscivamo in carrozza; poi, quando prese a nevicare, in slitta, avvolti fino al collo nelle pellicce. Tornavo con le gote infuocate; mangiavo di gusto, poi mi addormentavo. Non rinunciavo a lavorare e infatti, ogni giorno dedicavo più di un'ora a riflettere su cosa sentivo importante dire. La storia è per me un ramo secco; da tempo ormai, i miei studi storici li ritenevo un mezzo per approfondire l'indagine psicologica.

Ho detto che ero riuscito ad appassionarmi nuovamente al passato, quando avevo creduto trovarvi delle oscure somiglianze: interrogando i morti credevo di poter ottenere segrete indicazioni sulla vita. Adesso il giovane Atalarico avrebbe potuto uscire dalla tomba per mettersi in comunicazione con me, non davo più importanza al passato. Una risposta da tempi lontani come avrebbe potuto soddisfare una mia domanda che proveniva dal presente? Cosa può ancora l'uomo? Ecco, cosa mi interessava sapere. Ciò che l'uomo già espresso fino ad ora è tutto quanto poteva dire? Non ha tralasciato niente di sé? Altro non gli resta che ripetersi...? Così, ogni giorno cresceva in me la confusa consapevolezza di ricchezze che ancora celavamo, le quali soffocavano le varie forme di decoro, di cultura, di morale.

Mi pareva allora di essere venuto al mondo per un nuovo tipo di scoperte e mi appassionavo a questa mia oscura ricerca a causa della quale il cercatore deve abiurare, scacciare da sé cultura, decoro, morale. Giunsi ad apprezzare negli altri solo gli eccessi manifesti di sincera ignoranza e a biasimare ogni forma di costrizione che li ostacolasse. A breve avrei trovato nell'onestà solo coercizione, paura. Mi sarebbe piaciuto coltivarla come un impedimento raro; le nostre abitudini civili l'avevano corrotta nella volgare forma di un contratto.

In Svizzera era un precetto fondamentale del vivere tranquilli in comunità. Capivo che Marceline ne abbisognasse, ma non per questo le tenevo nascosto il nuovo corso preso dai miei pensieri. A Neuchatel poiché lodava questa onestà che quel paese trapela da ogni volto e finanche dai muri, ribattei: "Provo repulsione delle persone cosiddette oneste. Se anche non ho niente da temere da loro, niente hanno da insegnarmi che già non sappia. D'altra parte, non hanno poi un gran che da dire... Onesto popolo svizzero. Il comportarsi bene non gli giova affatto. Senza crimini, senza storia, senza letteratura è un roseto vigoroso che non conta né fiori, né spine".

Sapevo in partenza quanto un paese siffatto mi avrebbe tediato, ma, trascorsi due mesi, la noia volse in rabbia e non pensavo ad altro che ad andarmene. Ci trovavamo verso la metà di gennaio. La salute di mia moglie non era più una preoccupazione: la leggera costante febbre che l'assillava sembrava, se non vinta, sopita; sangue più fresco gli affluiva alle gote; passeggiava con piacere, non era più come prima, sempre fisicamente a pezzi.

Così mi ci volle poco per convincerla che aveva ormai cavato ogni beneficio possibile da quell'aria corroborante e sarebbe stato saggio per lei recarsi in Italia, dove il calore della primavera avrebbe suggellato la sua rinascita e dato l'ultima decisiva spallata alla malattia, e soprattutto ci volle niente a persuadere me stesso, stufo com'ero di quelle montagne.

Eppure, adesso che, nella mia inattività, l'odiato passato ritrova vigore, questi ricordi mi appassionano più di ogni altro.

Veloci corse in slitta, piacevoli sferzate d'aria frizzantina, spruzzi di neve, appetito; incerte passeggiate nella foschia, sonorità bizzarre di voci, improvvise apparizioni di oggetti; letture nel salotto ben riscaldato, paesaggio contemplato attraverso la finestra; attesa tragica della neve; scomparsa del mondo esterno, voluttuoso vorticare dei pensieri. Oh, pattinare ancora con lei, laggiù, soli, su quel limpido laghetto contornato di larici, sperduto; e ritornare insieme a sera...

Il viaggio verso l'Italia fu per me precipitoso come una caduta. Il tempo era splendido. Man mano che ci immergevamo in un'aria più calda e più densa, gli alberi alti e rigidi delle vette alpine, gli abeti uniformi, venivano sostituiti da una vegetazione molle, flessuosa e ricca di grazia. Avevo l'impressione di lasciare l'astrazione per calarmi nella vita vera e sebbene fossimo in inverno, mi sembrava catturare da ogni dove aromi. Da quanto non sorridevamo alle ombre!

La protratta astinenza mi inebriava ed ero ebbro di sete, come altri parimenti, lo sono di vino. Avevo risparmiato la mia vita in modo ammirevole; e rientrato in quel paese indulgente, tutti i miei appetiti si risvegliavano. Una immensa riserva di amore mi colmava il cuore; talvolta saliva dal profondo e mi inondava la testa, traviando i miei pensieri.

Quel preannuncio di primavera ebbe vita breve. Il brusco cambiamento di altitudine mi aveva tratto in inganno, ma appena lasciate le rive riparate dei laghi di Bellagio e Como dove avevamo fatto sosta alcuni giorni ci abbracciò un inverno carico di pioggia. Il freddo che sopportavamo bene in Engadina, qui non più secco come sulle cime alpine, ma umido e uggioso, prese a tormentarci. Marceline riprese a tossire. Per sfuggire al freddo ci dirigemmo a sud: lasciammo Milano per Firenze, Firenze per Roma, Roma per Napoli che sotto la pioggia si presentava la città più tetra che avessi mai conosciuto. Mi portavo dietro una noia indefinibile. Risalimmo a Roma per cercare, in mancanza del caldo, una parvenza di comodità. Affittammo un appartamento sul Pincio, troppo grande, ma con una vista incantevole. Già a Firenze, scontenti degli alberghi, avevamo preso in locazione una villa di gran pregio sul Viale dei Colli. Altri avrebbero desiderato viverci per sempre. Noi ci restammo appena venti giorni. E ciononostante a ogni nuova tappa, mi preoccupavo di sistemare ogni cosa, come se non dovessimo ripartire più. Ero spinto da un demone più forte di me. Tra l'altro va tenuto conto che dietro ci portavamo più di otto bauli. Uno di questi, che conteneva solo libri, durante l'intero viaggio non fu mai aperto.

Non consentivo che Marceline si occupasse delle nostre spese, né che cercasse di fare economia. Senza dubbio erano eccessive, lo sapevo e non avremmo potuto protrarle ancora a lungo. Smisi di fare affidamento sul denaro della Morinière poiché non rendeva più niente e Bocage stentava a trovare acquirenti. D'altra parte, ogni riflessione sul futuro non sortiva altro effetto che di farmi spendere ancora di più. Ah, che bisogno avrei avuto del denaro, qualora fossi rimasto solo? Pensavo e nell'angosciosa attesa, vedevo svanire, ancora prima dei miei quattrini, la fragile vita di mia moglie.

Benché mi facessi carico di tutte le preoccupazioni, quei rapidi spostamenti la stancavano: ma ciò che soprattutto la sfiniva, adesso oso dirlo, era il timore che le ispirava il mio pensiero.

"Capisco", mi disse un giorno, "comprendo pienamente la tua dottrina perché di questo si tratta. È bella ma sopprime i deboli".

"È così che è necessario fare", risposi, mio malgrado.

Allora mi parve di percepire quella delicata creatura ripiegarsi e rabbrividire sgomenta, per la brutalità delle mie parole. Ah, penserete che forse non amassi Marceline! Giuro che non era così, l'amavo con tutto me stesso. Non era mai stata, né mi era parsa mai tanto bella. La malattia aveva reso più fini i suoi lineamenti. Non la lasciavo quasi mai, la circondavo di cure, proteggevo, vegliavo tutte le sue giornate e le sue notti. Per quanto leggero fosse il suo sonno, esercitavo il mio a farsi più leggero, la guardavo addormentarsi ed ero il primo a ridestarmi.

Quando a volte, desiderando passeggiare solo nelle campagne, la lasciavo per un'ora ero richiamato subito a lei dal timore che avvertisse il peso della solitudine gravoso e a volte facevo appello contro la mia volontà, patteggiavo con la mia ossessione, suggerendomi: "Sei capace solo di questo, grand'uomo!", costringendomi a protrarre la mia dolorosa assenza. Ma allora, rientravo con le braccia cariche di fiori. Sì, ne sono certo: l'amavo teneramente. Ma come esprimere, ciò? Via via che mi stimavo meno, la veneravo di più, chi può dire quante passioni e quanti pensieri contrastanti possono coabitare in un uomo?

&

Da parecchio, il cattivo tempo ci aveva abbandonato; ci avviavamo verso la bella stagione quando improvvisamente fiorirono i mandorli. Era il primo marzo. Di mattina scesi in Piazza di Spagna. I contadini avevano spogliato la campagna di tutti i suoi rami bianchi e i fiori di mandorlo riempivano le ceste degli ambulanti. L'incanto che provai fu tale che ne acquistai tanti da inondare un giardino. Feci ritorno a casa con tutta questa primavera. I rami si impigliavano nelle porte e alcuni petali cadendo fecero del tappeto una distesa di neve.

Ne misi dappertutto: nei vasi, nel salotto dove Marceline ancora non c'era. Avrei gioito della sua gioia. La sentii arrivare a passo incerto. Cos'ha, barcolla, singhiozza, piange.

"Cosa c'è mia povera Marceline?"

Mi precipitai, colmandola di carezze. E lei quasi per scusarsi delle lacrime, disse: "Il profumo di questi fiori mi fa stare male".

Era un profumo blando, discreto, di miele. Senza far parola afferrai quella primavera che, senza capacitarmi, gettai via pieno di rabbia...

Ripenso spesso a quelle lacrime e oggi credo che ella, sentendosi ormai condannata, le versasse per nostalgia di quelle che erano passate. Credo anche che sussistano gioie forti per i forti e deboli per i deboli. Il più piccolo piacere ubriacava Marceline; bastava fosse un po' cruento che non riusciva a sopportarlo. Quello che lei chiamava felicità per me era riposo ed io non volevo né potevo riposare.

Quattro giorni dopo ripartimmo alla volta di Sorrento, e restai deluso di non trovarvi maggiore tepore. Tutto pareva avvolto dal freddo. Un vento insistente andava a fiaccare mia moglie. Avevamo voluto scendere all'albergo del nostro viaggio di nozze dove ritrovammo quella che era stata la nostra camera. Guardammo con stupore, sotto un cielo spento, il triste giardino della struttura, che ci era parso tanto bello nei giorni del nostro amore.

Decidemmo di raggiungere via mare Palermo di cui ci attirava il clima; tornammo a Napoli dove avremo dovuto imbarcarci e dove invece ci fermammo alcuni giorni. Ma a Napoli, perlomeno non mi annoiavo. Napoli è una città viva: non si avverte il peso del suo passato.

Quasi ogni momento della giornata lo trascorrevo al fianco di mia moglie. La notte si coricava presto e anch'io, ma quando il suo respiro fattosi regolare mi avvertiva che dormiva, io mi alzavo e sgattaiolavo fuori come un ladro. Fuori, oh! Mi sarei messo a gridare per la gioia. Cosa andavo a fare? Non ne avevo idea. Il cielo coperto durante la giornata, era sgombro di nubi: la luna quasi piena splendeva in cielo. Gironzolavo a caso, senza uno scopo, senza desideri, senza costrizioni. Guardavo ogni cosa con occhi diversi; spiavo ogni rumore con orecchie attente; inalavo l'umidità notturna; tastavo con mano gli oggetti...

L'ultima sera che restammo a Napoli, assecondai più a lungo quel piacere sfrenato di vagabondare. Quando feci ritorno trovai mia moglie in lacrime. Aveva avuto paura, mi disse, quando destatasi d'improvviso non mi aveva trovato vicino a lei. La calmai, quindi, feci del mio meglio per giustificare la mia assenza e le promisi che non l'avrei lasciata più. Ma fin dalla prima notte anche a Palermo, non riuscendo a trattenermi, uscii. I primi aranci erano in fiore e una brezza lieve ne portava il profumo con sé.

Restammo a Palermo solo cinque giorni; poi, dopo un lungo giro, raggiungemmo Taormina che entrambi desideravamo rivedere. L'ho già detto che quel piccolo borgo è arrampicato in alto su un promontorio? La stazione si trovava in riva al mare. La carrozza che ci aveva condotti in albergo mi riaccompagnò subito alla stazione dove ritirai i nostri bauli. Me ne stavo in piedi sulla carrozza ad argomentare con il vetturino. Era un piccolo siciliano di Catania, bello come un verso di Teocrito, splendente, odoroso come un frutto.

"Com'è bella la sua signora!", disse con garbo, mentre Marceline si allontanava.

"Anche tu sei molto bello, ragazzo", risposi io, e siccome ero piegato verso di lui, non riuscii a contenermi e di slancio lo abbracciai. Egli, ridendo, mi lasciò fare. Poi disse: "I francesi sono tutti amanti". "Ma non tutti gli italiani sono amati", replicai.

Nei giorni a seguire, lo cercai, ma non mi riuscì di trovarlo. Lasciammo Taormina alla volta di Siracusa. Ripercorrevamo a ritroso il nostro precedente viaggio, in cerca degli albori del nostro amore. E come durante il primo viaggio io mi avviavo verso la guarigione, così, man mano che procedevamo verso sud, di settimana in settimana la salute di Marceline, declinava.

Per quale aberrazione, per quale caparbia cecità, per quale follia, mi persuasi e soprattutto cercai di persuadere lei che le ci voleva ancora più sole e più caldo, riesumando il ricordo della mia convalescenza a Biskra?... Eppure, le temperature salivano, il clima del golfo di Palermo è mite e mia moglie ci stava volentieri. Là forse lei... ma ero io padrone di scegliere? Di decidere in favore di ciò che io desideravo?

A Siracusa le condizioni del mare e il servizio irregolare dei battelli ci imposero un'attesa di otto giorni. Tutto il tempo che non passavo accanto a mia moglie lo trascorrevo al vecchio porto cittadino. Tra l'odore di rigurgiti di vino, vicoli fangosi, botteghe maleodoranti frequentate scaricatori, vagabondi, marinai alcolizzati. Trovavo piacere nella frequentazione di marioli della peggiore specie. Che bisogno avevo di comprendere la loro lingua, se tutti i miei sensi ne gustavano il sapore?

La brutalità della passione assumeva ancora ai miei occhi un'ipocrita parvenza di salute e vigoria. E avevo un bel dire che la loro miserabile esistenza non poteva avere per loro lo stesso sapore che aveva per me... Ah! Come avrei avuto piacere di ubriacarmi con loro fino a rotolarmi per terra e svegliarmi al brivido triste del mattino. E accanto a essi portavo all'estremo il mio orecchio crescente per il lusso, gli agi e tutto ciò di cui mi ero contornato, per quelle protezioni, divenute inutili, ora che avevo ritrovato la salute, per tutte quelle precauzioni che vengono adottate al solo scopo di preservare il corpo dal contatto rischioso con la vita. Con l'immaginazione penetravo più a fondo nella loro esistenza. Avrei voluto seguirli, condividere la loro ebbrezza... poi improvvisamente mi ricordavo di Marceline. Cosa faceva in quel momento? Soffriva, piangeva? Allora, di colpo mi alzavo per precipitarmi all'albergo al cui ingresso pareva scritto: "Qui i poveri non sono graditi".

Mia moglie mi accoglieva sempre nello stesso modo; senza una parola di rimprovero o di delusione, si sforzava a dispetto di tutto di regalarmi sempre il suo pur stanco sorriso. Consumavamo i pasti a parte, le facevo servire il meglio che quel mediocre alberghetto potesse offrire. E a tavola pensavo: pane e formaggio e un finocchio basterebbe loro e pure a me. E forse qui vicino, ce ne sono alcuni che hanno fame e non hanno neppure quella miseria. E sulla mia tavola, di che saziarli per tre giorni! Avrei voluto sfondare i muri e accoglierli vicino a me. Poiché era per me doloroso sapere che c'era qualcuno che pativa la fame. E allora raggiunto il porto, distribuivo monetine di cui avevo piene le tasche.

La povertà dell'uomo è schiava; per mangiare accetta ogni tipo di lavoro pur orrendo e io contribuivo con quel denaro al riposo di molti. Sognavo per ciascuno di loro quell'ozio senza il quale non può proliferare il vizio, l'arte. Marceline non si ingannava in merito alle mie idee: quando mi recavo al porto non le nascondevo quali compagnie frequentassi. Tutto è nell'uomo. Mia moglie comprendeva bene ciò che volevo scoprire, e dato che le rimproveravo di credere spesso a qualità che ella creava su misura per ogni creatura, mi disse: "Tu sei soddisfatto quando li hai spinti a confessare l'inconfessabile. Non capisci che il nostro sguardo accenta in ognuno ciò su cui si fissa e che noi li facciamo divenire quello che vogliamo che siano?".

Avrei desiderato che non avesse ragione, ma dovevo confessare a me stesso che in ogni essere il peggiore istinto mi appariva il più sicuro. Ma dopo tutto cosa era per me la sincerità?

&

Finalmente, lasciammo Siracusa. Ero assillato dal ricordo dell'Africa. Durante la navigazione Marceline mostrò miglioramenti... Ricordo il mare calmo, così calmo che la scia lasciata dalla nave pareva come scolpita nell'acqua. Sento lo sciabordare e i passi degli uomini che a piedi nudi lavavano il ponte. Rividi Malta e Tunisi che si avvicinava... quanto mi sentivo diverso!

Faceva caldo, il sole ci sorrideva. Dio, quanto avrei desiderato che da ogni mia parola tracimasse voluttà. Invano, cercherei ora di dare alla mia narrazione un maggiore ordine di quanto ce n'era nella mia vita. Per un certo tempo ho cercato di spiegarvi in che modo sono divenuto ciò che sono. Ah, poter liberare la mente da questa insopportabile logica! Non avvertivo niente che non fosse nobile in me.

Tunisi. Luce più abbondante che violenta. Anche l'ombra parve esserne imbevuta. L'aria stessa si presentava come un fluido luminoso in cui tutto affondava, si immergeva. Quella terra voluttuosa assecondava ogni desiderio e lo esaltava.

Terra in cui mancano opere d'arte. Disprezzo coloro i quali non sanno riconoscere la bellezza laddove è già stata creata e interpretata. C'è questo di straordinario nell'arabo, che la sua arte la vive, la canta, usufruendone ogni giorno; non si preoccupa di fermarla o di imbalsamarla un'opera. È questo il rapporto di causa effetto che latita in grandi artisti. Ho sempre ritenuto i grandi coloro che hanno l'ardire di levare a bellezza cose naturali da far dire a chi le ha viste: "Come ho potuto non comprendere che anche questo era il bello?"

A Kairouan, che non avevo ancora visitata e dove mi recai senza mia moglie, la notte si presentava mirabile. Mentre rientravo in albergo per coricarmi, mi sovvenni di un di un gruppo di arabi distesi all'aperto sulle stuoie di un piccolo caffè. Mi distesi a dormire in mezzo a loro. Ne venni via tutto coperto di insetti.

❧

Poiché il caldo umido della costa non giovava a Marceline, la convinsi che bisognava raggiungere Biskra al più presto. Eravamo ai primi di aprile. Il viaggio fu lunghissimo. Il primo giorno raggiungemmo in una sola tappa Costantina; il secondo giorno mia moglie era stremata per cui facemmo sosta nella più vicina El-Qantara dove verso sera trovammo una piacevole frescura che, come una bevanda inesauribile, scorreva fino a noi. E dal pendio dove eravamo seduti si apriva la pianura infuocata. Quella notte, Marceline stentò a prendere sonno. Nel silenzio i più piccoli umori la facevano inquieta. La sentii sovente rivoltarsi nel letto. Il mattino dopo, mi accorsi che era pallida: subito ripartimmo.

Biskra, la nostra meta. Ecco il giardino pubblico. Riconobbi la panca sulla quale sedevo i primi giorni della mia convalescenza. Che cosa andavo a leggervi? ... sì, Omero. E là, l'albero dove andai a toccare la scorza... quanto ero debole, al tempo!... ah, i bambini... Non ne riconoscevo alcuno. D'altra parte, anche Marceline era diversa... perché tossiva con queste temperature? Arrivammo all'albergo, alle nostre stanze e alle rispettive terrazze. Cosa si muoveva nella testa di mia moglie? Appena salita in camera si distese sul letto dicendo di voler riposare.

Uscii.

Non riconobbi i bambini, ma loro subito mi identificarono. Avvertiti del mio arrivo accorsero in massa. Era possibile che fossero gli stessi? No, erano trascorsi solo due anni da allora. Che delusione! Cosa era loro occorso? Erano cresciuti in modo orribile e mi chiesi, quali fatiche, quali vizi, avevano potuto imbruttire quei volti nei quali risplendeva una prorompente giovinezza? Quali spregevoli lavori avevano usurato i loro ineguagliabili corpi? Rendevano l'idea della sconfitta. Li interrogai e seppi che Bachir faceva lo sguattero in un caffè; Ashour guadagnava appena di che sfamarsi spaccando pietre in strada; Hammatar aveva perso un occhio. E, roba da non crederci, Sadeck, messo giudizio, accompagnava il fratello maggiore a vendere pane al mercato: pareva rincitrullito. Agib aveva preso a fare il macellaio con il padre; si era fatto pingue, brutto e ricco: non intendeva più avere niente a che spartire con i compagni che reputava inferiori a lui... Come inebriano di sciocchezze, le stimate carriere. Troverò dunque in loro quanto detestavo nel mio mondo? Broubaker mi è stato det-

to che aveva preso moglie. Ma non aveva ancora quindici anni...
Improbabile? Affatto. Lo rividi quella sera stessa. Si giustificò assicurandomi che il suo matrimonio era una farsa. Era diventato, si sarebbe detto, un giovane dedito al vizio. Beveva molto, il suo corpo si andava già deformando. Era tutto qui, quello che ne restava. È dunque così che li trasfigurava la vita?

Da tutta questa mia immensa tristezza mi avvidi che ero tornato soprattutto per rivedere tutti loro. Menalque aveva ragione: il ricordo è fonte di infelicità.

E Motkir? Appena uscito di prigione. Si nascondeva. Gli amici non lo frequentavano più. Insistei per incontrarlo; era il più bello di tutti. Anche lui mi avrebbe deluso?

Lo trovarono e lo condussero da me. No, lui non mi deluse. Nemmeno nel ricordo mi appariva tanto bello e desiderabile. Trovai la sua forza e il suo aspetto ineccepibili. Mi riconobbe e mi sorrise. E io: "Cosa facevi prima di finire in carcere?"

"Niente".

"Rubavi?"

"No".

"E adesso cosa fai?".

Sorrise.

"Bene, se non hai niente di meglio da fare, ci accompagnerai a Touggourt".[20]

Marceline stava poco bene, ma non sapevo perché. Quando feci rientro in albergo, mi si strinse contro mantenendo la consegna del silenzio e gli occhi chiusi. Attraverso le sue maniche larghe, intravedevo le sue braccia scarne. La accarezzai a lungo, cullandola come si fa con i bambini perché prendano sonno. Era l'amore, l'angoscia o la febbre che la facevano tremare a quel modo?

Forse eravamo ancora in tempo... Ma io avrei mai trovato posa? Avevo cercato e trovato ciò che costituiva la mia misura: ed era specie di ostinazione a perseguire il male. Ma come potevo dire a mia moglie che l'indomani saremmo partiti per Touggourt?

---

20 Ndt. La città di Touggourt è un'oasi del nord del Sahara algerino, a circa 600 km a Sud-Est di Algeri.

In quel momento Marceline dormiva nella camera accanto. La luna inondava la terrazza con un chiarore da destare spavento, rendendo impossibile nascondersi. Un fascio di luce entrò dalla finestra aperta e vi riconobbi l'ombra lasciata sulla porta due anni addietro. L'unico distinguo stava nel fatto che la volta precedente si era addentrata di più... Sì, fino al punto dove mi stavo portando ora che avevo rinunciato a dormire. Appoggiavo le spalle contro lo stipite di quella porta. Riconobbi i palmizi immoti... Cosa avevo letto quella sera? Ah, sì, le parole di Cristo dette a Pietro: "Adesso, tu ti cingi da solo e vai dove vuoi andare...". Dove intendevo andare? Non vi ho detto che in quest'ultimo viaggio da Napoli avevo raggiunto Paestum da solo... Dio, mi sarei messo a piangere. La bellezza del passato mi si mostrava semplice, perfetta, abbandonata... adesso, Signore mio, non so più di quale oscuro Dio sia il servitore. Oh, nuovo Onnipresente! Fammi conoscere nuove razze, fisionomie impensate di bellezza.

All'alba partimmo con la diligenza. Motkir, raggiante di felicità, si trovava con noi.

୭

Chegga; Kafeldorth; M'reyer... tristi tappe di un percorso ancora più triste, interminabile. Confesso che credevo queste oasi più accoglienti. Vi si trovavano per lo più pietre e sabbia; alcuni arbusti nani stranamente in fiore; qua e là un piccolo palmizio disseccato irrorato da una sorgente nascosta.... Alle oasi preferivo il deserto, terra di gloria letale e di splendore insostenibile. Lo sforzo della civiltà vi appare miserevole e ora ogni altra terra mi tediava.

"Tu ami ciò che trascende dall'umano", disse mia moglie. Ma con quale avidità osservava anche lei!

Il secondo giorno il tempo si presentò assai meno comprensivo: un vento forte rendeva l'orizzonte oscuro. Marceline penava: la sabbia che respiravamo le irritava la gola e l'ostilità del paesaggio non le era per niente di aiuto. Ma ormai era tardi per tornare indietro. Poche ore ci separavano dalla nostra meta.

Quest'ultima parte del viaggio, che pure mi è tanto vicina, la rammento meno delle altre. Mi è impossibile oggi rievocare alla memoria i paesaggi visti in quel secondo giorno e ricostruire cosa feci appena giunti a Touggourt.

Aveva fatto molto freddo al mattino e verso sera si levò un Simum[21] infuocato. Marceline distrutta dal viaggio si coricò appena arrivammo. Confidavo di trovare un albergo un po' più confortevole. La nostra stanza era impresentabile, la sabbia, il sole, le mosche, le pareti sporche e annerite, la rendevano una sorta di letamaio. Poiché dal primo mattino eravamo digiuni, chiesi di servirci quanto prima la cena. Ma niente era di nostro gradimento e non riuscii a convincere mia moglie a mangiare qualcosa. Tuttavia, avevamo portato con noi l'occorrente per il tè. Così ci accontentammo di qualche galletta e del tè al quale l'acqua salata aveva dato un sapore disgustoso.

Per una istintiva parvenza di virtù restai accanto a Marceline fino a sera. E d'improvviso mi sentii sfinito io stesso. Oh, sapore di cenere! Oh, stanchezza mortale! Malinconia data dal sovrumano sforzo. Osavo appena guardarla; sapevo bene quanto i miei occhi, invece d'invocare il suo sguardo, si sarebbero fissati con sgomento sulle aperture delle sue narici; l'espressione del suo viso contratto dalla sofferenza era vile. Neppure lei mi guardava. Avversavo la sua inquietudine come se la toccassi.

Tossì copiosamente, quindi si appisolò. Di tanto in tanto un improvviso brivido la coglieva.

Durante la notte sarebbe potuta peggiorare e prima che fosse troppo tardi volevo sapere a chi avrei dovuto rivolgermi. Davanti all'albergo si apriva la piazza di Touggourt. Le strade, l'aria stessa, mi apparivano così strane che mi domandavo se fossi io a vederle. Dopo pochi minuti, rientrai, mia moglie dormiva della buona. Mi spaventavo senza motivo, in questa terra si incontravano pericoli ad ogni piè sospinto. Rassicurato, nuovamente uscii. In piaz-

---

21 Ndt. Il Simum vento forte, secco e polveroso che soffia nel Sahara, in Algeria, in Israele, in Giordania, in Siria e nel deserto arabo. La sua temperatura è talmente alta e la sua velocità talmente elevata, da sollevare nuvole di polvere e sabbia, producendo su uomini e animali un senso di soffocamento.

za mi attendeva una strana animazione notturna; il vento portava musica folcloristica da chissà dove. Motkir mi si fece incontro. Mi aspettava; era certo che sarei uscito di nuovo. Rise, conosceva bene quel posto. Mi lasciai condurre da lui.

Camminavamo nel buio; quindi, entrammo in un caffè moresco: da lì proveniva la musica. Alcune donne arabe stavano danzando, se si poteva definire danza quel monotono scivolare. Una di quelle mi prese per mano; la seguii; si trattava dell'amante del ragazzo; anche lui ci seguì. Entrammo tutti e tre nella stretta e profonda camera che aveva come unica mobilia un letto. Ci sedemmo. Un coniglio bianco, rinchiuso nella stanza, ebbe un sobbalzo, poi fece amicizia con Motkir. Ci servirono il caffè, poi, mentre il ragazzo giocava con l'animaletto, la donna mi tirò a sé e io mi abbandonai al sonno tra le sue braccia.

Arrivati a questo punto, potrei fingere o tacere; ma a cosa serve questo racconto se esula dalla verità?

Tornai da solo in albergo. Motkir si trattenne laggiù tutta la notte. Era tardi. Soffiava un arido scirocco; è un vento che trasporta con sé la sabbia, torrido anche di notte, un vento che dà la febbre, acceca, fiacca. A un tratto, fui colto da una preoccupazione e mi precipitai verso la camera di mia moglie. Magari si era svegliata e aveva bisogno di me... No, guardai la finestra della sua camera; non c'era luce: dormiva. Attesi che il vento cessasse un istante ed entrai silenzioso nel buio. Cos'era quel rumore? Era proprio lei. Accesi.

Marceline stava semi sdraiata sul letto sostenendosi, con un braccio emaciato, allo stesso, tenendosi in quel modo sollevata; le lenzuola, le mani, la camicia erano inondate da un conato di sangue; anche il viso ne era sporco; gli occhi orrendamente dilatati; qualunque grido mi avrebbe atterrito meno di quello spettrale silenzio. Cercai sul suo volto sudato un punto in cui posare un bacio. La lavai e le rinfrescai la fronte, le gote. Avvertii qualcosa di duro accanto al letto sotto i miei piedi e raccolsi la coroncina che lei mi chiese un giorno a Parigi e che, nel travaglio, le era caduta: gliela misi nella mano aperta, ma lei la lasciò nuovamente cadere. Non sapevo che fare, avrei voluto chiedere aiuto, ma la sua mano si aggrappava disperatamente alla mia, trattenendomi. Pensava che volessi lasciarla?

Mi disse: "Oh, caro, puoi rimanere ancora".

E, sorpresa dal mio silenzio, aggiunse: "Non dire niente, va tutto per il meglio".

Nuovamente raccolsi la coroncina e gliela rimisi in mano, ma lei si abbassò inerte e ancora la lasciò cadere. Mi inginocchiai accanto a lei e le strinsi la mano.

Si abbandonò sul cuscino, puntellandosi sulla spalla, come voler riposare un poco, ma i suoi occhi si riversarono fuori spalancati. Un'ora dopo si risollevò; la sua mano si slacciò dalle mie, si strinse la camicia, si contrasse e strappò il merletto. Soffocava... all'alba emise un nuovo rigurgito di sangue...

Si conclude qui la mia storia. Cosa posso dire di ulteriore. Il cimitero francese di Toggourt è raccapricciante... eroso dalla sabbia... Ho impegnato quel po' di volontà che mi restava a cercare di portarla via da quei luoghi angoscianti. Adesso riposa a El-Qantara, nell'ombra di un giardino privato che apprezzava tanto. Da allora sono trascorsi tre mesi, ma è come fosse stato per me un intero decennio.

Michel rimase a lungo in silenzio. Anche noi, presi da un certo turbamento, tacevamo. Avevamo l'impressione che Michel, mettendoci a parte di tutto questo, ritenesse di aver legittimato il suo comportamento. Il fatto di non sapere in cosa biasimarlo, dopo la spiegazione che ci aveva fatto, rendeva noi suoi complici. Ci sentivamo implicati. Aveva concluso il suo racconto, senza un tremito nella voce, né un gesto che ne testimoniasse un'emozione, forse perché si rivestiva di cinico orgoglio o per una forma di pudore che gli imponeva dignità; o forse perché non era veramente commosso.

Neppure oggi riesco a comprendere quanta parte abbiano in lui l'orgoglio, la forza, l'aridità o il pudore. Proseguì: "Quello che mi spaventa, lo confesso, è il fatto di essere ancora giovane. Ho l'impressione che la mia vera vita non sia ancora iniziata. Strappatemi da qui adesso e datemi delle ragioni per vivere. Io non so più trovarne. Ho acquisito la libertà, ma cosa importa? Soffro di questa libertà che non so mettere a frutto. Non è, credetemi, che io sia stanco del mio delitto, se vogliamo chiamarlo così, ma devo dimostrare a me stesso di non aver valicato i limiti, di ciò che era mio diritto.

Avevo, quando mi avete conosciuto, una grande fermezza di pensiero e so quanto sia questa a dare valore a un uomo: ebbene, adesso non ne ho più. Ma la causa credo vada cercata nel clima. Non c'è niente che renda difficile pensare quanto un cielo sempre azzurro. Qui qualunque ricerca è impossibile, tanto la voluttà segue il desiderio. Circondato di magnificenza e di morte, sento che la felicità è troppo vicina e l'abbandono ad essa uniforme. Vado a letto a giorno per sfuggire la tristezza di ore interminabili e di questo vuoto insopportabile. Laggiù, vedete, ci sono dei sassolini bianchi che metto a mollo nell'ombra e tengo poi a lungo nell'incavo della mano, finché finisce l'impressione di sollievo che ne ricavo... Allora, ricomincio, alternando i sassolini e rimettendo a mollo quelli che non sono più freschi.

Così passa un po' di tempo e viene sera... Portatemi via di qui, da solo non posso più farlo. Qualcosa nella mia volontà si è spezzato; non so neppure come abbia trovato le forze. Talvolta temo che quanto io ho soppresso si vendichi. Vorrei ricominciare daccapo. Vorrei liberarmi di quello che resta delle mie sostanze; vedete, in questa stanza si trovano ancora molte cose mie. Mi contento di poco. Un oste per metà francese mi cucina un po' di cibo. Il bambino che è fuggito quando voi siete entrati me lo serve in cambio di carezze e qualche moneta. Questo bambino scontroso con gli estranei è con me tenero come un cagnolino.

La sorella è una Ouled Naïl[22] che ogni inverno si reca a Costantina, dove fa mercimonio del suo corpo ai passanti. È bellissima e nelle prime settimane avevo lasciato che qualche volta trascorresse la notte da me. Ma una mattina Alì, il fratello, ci sorprese a letto insieme. Si irritò molto e per cinque giorni non venne più a trovarmi. Eppure, sa bene come si guadagna da vivere la sorella: e spesso ne parlava senza alcun imbarazzo. Era dunque geloso? Del resto, quel furfantello aveva raggiunto il suo scopo. Un po' perché infastidito, un po' per il timore di perdere Alì, dopo quella avventura non volli più che la giovane venisse da me. Lei non se l'è presa, ma ogni volta che la incontro, ride e scherza del fatto che io le preferisco un bambino. Sostiene che è per lui che io non me ne vado da qui. E non escludo che in parte sia vero...".

____

22   Ndt. Gli Ouled Naïl sono una tribù e una confederazione tribale che vive nella catena degli Ouled Naïl, in Algeria, catena da cui prendono il nome.

Indice

Usa il QR code e scopri gli altri titoli della stessa collana